N1合格！
日本語能力試験問題集
The Workbook for the Japanese Language Proficiency Test

N1 読解
スピードマスター

Quick Mastery of N1 Reading

N1 读解 快速学得

N1 독해 스피드 마스터

菊池富美子・黒岩しづ可・日置陽子・竹田慎吾 共著

Jリサーチ出版

はじめに

日本語能力試験《にほんごのうりょくしけん》は2010年《ねん》より、「課題遂行《かだいすいこう》のための言語《げんご》コミュニケーション能力《のうりょく》」を重視《じゅうし》した試験《しけん》に改訂《かいてい》されました。レベルが５段階《だんかい》になり、Ｎ１では旧《きゅう》１級《きゅう》よりやや高《たか》めのレベルまで、Ｎ３では旧《きゅう》２級《きゅう》と旧《きゅう》３級《きゅう》の間《あいだ》のレベルが測《はか》れるようになりました。改定《かいてい》に伴《ともな》い、問題内容《もんだいないよう》や設問《せつもん》の形式《けいしき》に新《あたら》しいタイプのものが加《くわ》わっています。Ｎ１の読解《どっかい》では、「論理的《ろんりてき》にやや複雑《ふくざつ》な文章《ぶんしょう》や抽象度《ちゅうしょうど》の高《たか》い文章《ぶんしょう》、さまざまな話題《わだい》の内容《ないよう》に深《ふか》みのある読《よ》み物《もの》を読《よ》んで、構成《こうせい》、内容《ないよう》、表現意図《ひょうげんいと》などを理解《りかい》することができる」ということが目標《もくひょう》とされます。

本書《ほんしょ》では、新聞《しんぶん》の論説《ろんせつ》、評論《ひょうろん》から、さまざまな話題《わだい》の解説文《かいせつぶん》やエッセイ、ビジネス文書《ぶんしょ》まで幅広《はばひろ》い内容《ないよう》の文章《ぶんしょう》を取《と》り上《あ》げています。各問題《かくもんだい》の形式《けいしき》は、新《あたら》しい日本語能力試験《にほんごのうりょくしけん》（読解《どっかい》）に合《あ》わせてあります。解答時間《かいとうじかん》の目安《めやす》も示《しめ》していますので、試験対策《しけんたいさく》の学習書《がくしゅうしょ》として、本試験《ほんしけん》に近《ちか》い形《かたち》で練習《れんしゅう》することができます。

この本《ほん》がみなさんの学習《がくしゅう》に役立《やくだ》つよう心《こころ》から願《ねが》っております。本書《ほんしょ》を使《つか》って現在《げんざい》の実力《じつりょく》を確認《かくにん》し、ぜひＮ１合格《ごうかく》を達成《たっせい》してください。

著者一同《ちょしゃいちどう》

もくじ

Contents／目录／목차

日《に》本《ほん》語《ご》能《のう》力《りょく》試《し》験《けん》と読《どっ》解《かい》問《もん》題《だい》

●目的《もくてき》：日本語《にほんご》を母語《ぼご》としない人《ひと》を対象《たいしょう》に、日本語能力《にほんごのうりょく》を測定《そくてい》し、認定《にんてい》すること。
　※課題遂行《かだいすいこう》のための言語《げんご》コミュニケーション能力《のうりょく》を測《はか》ることを重視《じゅうし》。

●試験日《しけんび》：年《ねん》２回《かい》（7月《がつ》、12月《がつ》の初旬《しょじゅん》の日曜日《にちようび》）

●レベル：N５（最《もっと》もやさしい）→　N１（最《もっと》もむずかしい）

N１：幅広《はばひろ》い場面《ばめん》で使《つか》われる日本語《にほんご》を理解《りかい》することができる。

N２：日常的《にちじょうてき》な場面《ばめん》で使《つか》われる日本語《にほんご》の理解《りかい》に加《くわ》え、より幅広《はばひろ》い場面《ばめん》で使《つか》われる日本語《にほんご》をある程度理解《ていどりかい》することができる。

N３：日常的《にちじょうてき》な場面《ばめん》で使《つか》われる日本語《にほんご》をある程度理解《ていどりかい》することができる。

N４：基本的《きほんてき》な日本語《にほんご》を理解《りかい》することができる。

N５：基本的《きほんてき》な日本語《にほんご》をある程度理解《ていどりかい》することができる。

レベル	試験科目《しけんかもく》	時間《じかん》	得点区分《とくてんくぶん》	得点《とくてん》の範囲《はんい》
N1	**言語知識《げんごちしき》（文字《もじ》・語彙《ごい》・文法《ぶんぽう》）・読解《どっかい》**	**110分《ぷん》**	**言語知識《げんごちしき》（文字《もじ》・語彙《ごい》・文法《ぶんぽう》）**	**0~60点《てん》**
			読解《どっかい》	**0~60点《てん》**
	聴解《ちょうかい》	**55分《ふん》**	**聴解《ちょうかい》**	**0~60点《てん》**
N2	言語知識《げんごちしき》（文字《もじ》・語彙《ごい》・文法《ぶんぽう》）・読解《どっかい》	105分《ふん》	言語知識《げんごちしき》（文字《もじ》・語彙《ごい》・文法《ぶんぽう》）	0~60点《てん》
			読解《どっかい》	0~60点《てん》
	聴解《ちょうかい》	50分《ぷん》	聴解《ちょうかい》	0~60点《てん》
N3	言語知識《げんごちしき》（文字《もじ》・語彙《ごい》）	30分《ぷん》	言語知識《げんごちしき》（文字《もじ》・語彙《ごい》・文法《ぶんぽう》）	0~60点《てん》
	言語知識《げんごちしき》（文法《ぶんぽう》）・読解《どっかい》	70分《ぷん》	読解《どっかい》	0~60点《てん》
	聴解《ちょうかい》	40分《ぷん》	聴解《ちょうかい》	0~60点《てん》
N4	言語知識《げんごちしき》（文字《もじ》・語彙《ごい》）	25分《ふん》	言語知識《げんごちしき》（文字《もじ》・語彙《ごい》・文法《ぶんぽう》）・読解《どっかい》	0~120点《てん》
	言語知識《げんごちしき》（文法《ぶんぽう》）・読解《どっかい》	55分《ふん》		
	聴解《ちょうかい》	35分《ふん》	聴解《ちょうかい》	0~60点《てん》
N5	言語知識《げんごちしき》（文字《もじ》・語彙《ごい》）	20分《ぷん》	言語知識《げんごちしき》（文字《もじ》・語彙《ごい》・文法《ぶんぽう》）・読解《どっかい》	0~120点《てん》
	言語知識《げんごちしき》（文法《ぶんぽう》）・読解《どっかい》	40分《ぷん》		
	聴解《ちょうかい》	30分《ぷん》	聴解《ちょうかい》	0~60点《てん》

※N１・N２の科目《かもく》は２科目《かもく》、N３・N４・N５は３科目《かもく》

●認定《にんてい》の目安《めやす》：「読《よ》む」「聞《き》く」という言語行動《げんごこうどう》でN５からN１まで表《あらわ》している。

●合格《ごうかく》・不合格《ふごうかく》：「総合得点《そうごうとくてん》」と各得点区分《かくとくてんくぶん》の「基準点《きじゅんてん》（少《すく》なくとも、これ以上《いじょう》が必要《ひつよう》という得点《とくてん》）」で判定《はんてい》する。

☞くわしくは、日本語能力試験《にほんごのうりょくしけん》のホームページ〈https://www.jlpt.jp/〉を参照《さんしょう》してください。

N1について

	N1のレベル
読《よ》む	●幅広《はばひろ》い話題《わだい》について書《か》かれた新聞《しんぶん》の論説《ろんせつ》、評論《ひょうろん》など、論理的《ろんりてき》にやや複雑《ふくざつ》な文章《ぶんしょう》や抽象度《ちゅうしょうど》の高《たか》い文章《ぶんしょう》などを読《よ》んで、文章《ぶんしょう》の構成《こうせい》や内容《ないよう》を理解《りかい》することができる。 ●さまざまな話題《わだい》の内容《ないよう》に深《ふか》みのある読《よ》み物《もの》を読《よ》んで、話《はなし》の流《なが》れや詳細《しょうさい》な表現意図《ひょうげんいと》を理解《りかい》することができる。
聞《き》く	●幅広《はばひろ》い場面《ばめん》において自然《しぜん》なスピードの、まとまりのある会話《かいわ》やニュース、講義《こうぎ》を聞《き》いて、話《はなし》の流《なが》れや内容《ないよう》、登場人物《とうじょうじんぶつ》の関係《かんけい》や内容《ないよう》の論理構成《ろんりこうせい》などを詳細《しょうさい》に理解《りかい》したり、要旨《ようし》を把握《はあく》したりすることができる。

読解問題《どっかいもんだい》の内容《ないよう》

	大問《だいもん》 ※1～4は文字《もじ》・語彙《ごい》、 5～7は文法問題《ぶんぽうもんだい》		小問数《しょうもんすう》	ねらい
読《どっ》解《かい》	8	内容理解《ないようりかい》 （短文《たんぶん》）	4	生活《せいかつ》・仕事《しごと》などいろいろな話題《わだい》も含《ふく》め、説明文《せつめいぶん》や指示文《しじぶん》など200字程度《じていど》のテキストを読《よ》んで、内容《ないよう》が理解《りかい》できるかを問《と》う。
	9	内容理解《ないようりかい》 （中文《ちゅうぶん》）	9	評論《ひょうろん》、解説《かいせつ》、エッセイなど500字程度《じていど》のテキストを読《よ》んで、因果関係《いんがかんけい》や理由《りゆう》などが理解《りかい》できるかを問《と》う。
	10	内容理解《ないようりかい》 （長文《ちょうぶん》）	4	解説《かいせつ》、エッセイ、小説《しょうせつ》など1000字程度《じていど》のテキストを読《よ》んで、概要《がいよう》や筆者《ひっしゃ》の考《かんが》えなどが理解《りかい》できるかを問《と》う。
	11	統合理解《とうごうりかい》	3	複数《ふくすう》のテキスト（合計《ごうけい》600字程度《じていど》）を読《よ》み比《くら》べて比較《ひかく》・統《とう》合《ごう》しながら理解《りかい》できるかを問《と》う。
	12	主張理解《しゅちょうりかい》 （長文《ちょうぶん》）	4	社説《しゃせつ》、評論《ひょうろん》など抽象性《ちゅうしょうせい》・論理性《ろんりせい》のある1000字程度《じていど》のテキストを読《よ》んで、全体《ぜんたい》として伝《つた》えようとしている主張《しゅちょう》や意《い》見《けん》がつかめるかを問《と》う。
	13	情報検索《じょうほうけんさく》	2	広告《こうこく》、パンフレット、情報誌《じょうほうし》、ビジネス文書《ぶんしょ》などの情報素《じょうほうそ》材《ざい》（700字程度《じていど》）の中《なか》から必要《ひつよう》な情報《じょうほう》を探《さが》し出《だ》すことができるかを問《と》う。

※小問《しょうもん》の数《かず》は変《か》わる場合《ばあい》もあります。

この本《ほん》の使《つか》い方《かた》

ウォーミングアップ——キーワードを覚《おぼ》えよう

Warming-up－Learning Key Words／
准备活动——记住关键词吧／워밍업——키워드를 외우자

序章《じょしょう》では、問題練習《もんだいれんしゅう》を始《はじ》める前《まえ》の準備《じゅんび》として、読解問題《どっかいもんだい》の中《なか》で使《つか》われる可能性《かのうせい》のある言葉《ことば》やフレーズをリストアップしました。これらキーワードを各場面《かくばめん》としっかり結《むす》びつけて覚《おぼ》えることが、得点《とくてん》アップにつながります。

The introductory section to this book gets you ready for the practice problems that come later by presenting a list of words and phrases that are likely to appear in JLPT reading comprehension problems. By mastering these expressions in their situational contexts, you can increase your potential to earn a higher score on the JLPT.

在序章中做正式练习之前，我们会做一些准备活动。文中将会列举出阅读理解问题里有可能出现的单词、短语和句型。将这些关键词与各种场面紧密联系进行记忆，会提高我们能力考试的成绩。

서장에서는 문제 연습을 시작하기 전 준비로 독해 문제에서 사용될 가능성이 있는 말이나 문장을 리스트업했습니다 . 이들 키워드를 각 장면과 제대로 연결해 외우는 것이 득점으로 연결됩니다 .

PART 1 実戦練習《じっせんれんしゅう》

Practice exercises／实战练习／실전연습

問題《もんだい》ごとに目標《もくひょう》の時間《じかん》を示《しめ》してあります。それを参考《さんこう》に、速《はや》く問題《もんだい》を解《と》くようにしましょう。

The target time for completing each exercise is indicated. Using this as a guide, try and finish each one as fast as you can.

每个问题都标明目标时间。以此为参考，尽量快速解题。

문제마다 목표 시간을 제시하고 있습니다. 그것을 참고로 빨리 문제를 풀도록 합시다.

PART 2 模擬試験《もぎしけん》

Mock examinations／模拟考试／모의시험

実際《じっさい》の試験《しけん》と同《おな》じ形式《けいしき》、同《おな》じ数《かず》の問題《もんだい》に挑戦《ちょうせん》するパートです。

This part of the book lets you try your hand at a mock exam with the same format and number of questions as the real test.

此部分挑战和实际考试形式相同、题量相同的问题。

실제 시험과 같은 형식, 같은 문제수에 도전하는 부분입니다.

別冊《べっさつ》

Appendix／附册／별책

別冊《べっさつ》には、正《ただ》しい答《こた》えと、難《むずか》しい単語《たんご》や句《く》などについての訳《やく》や説明《せつめい》があります。

The correct answers, translations for difficult words and expressions and explanatory text can be found here.

附册里有正确答案、对较难的单词和句子有翻译和说明。

별책에는 정답과 어려운 단어나 구 등의 번역과 설명이 있습니다.

ウォーミングアップ——キーワードを覚《おぼ》えよう

Warming-up—Learning Key Words　准备活动—记住关键词　워밍업—키 워드를 외우자

●教育《きょういく》・研究《けんきゅう》　education, research　教育・研究　교육・연구

応用《おうよう》(する)	**応用**問題	practical exercise　应用问题　응용문제
概念《がいねん》	**概念**を理解する	understand the concept　理解概念　개념을 이해하다
課外《かがい》	**課外**活動	extracurricular activities　课外活动　과외 활동
学説《がくせつ》	新しい**学説**	new theory　新学说　새 학설
仮説《かせつ》	**仮説**を立てる	form a hypothesis　设立假说　가설을 세우다
課題《かだい》	明日までの**課題**	assignment due by tomorrow　明天之前的课题　내일까지의 과제
権威《けんい》	この分野の**権威**	authority in this field　这个领域的权威　이 분야의 권위
講座《こうざ》	**講座**を受講する	take a course　听讲座　강좌를 수강하다
志《こころざ》す	教師を**志す**	aim to be a teacher　立志当教师　교사를 목표로 하다
在学《ざいがく》(する)	**在学**中の学生	students currently enrolled　在上学的学生　재학 중의 학생
参照《さんしょう》(する)	資料を**参照する**	refer to a document, source　参照资料　자료를 참조하다
主張《しゅちょう》(する)	**主張**の根拠《こんきょ》	basis for an assertion　主张的根据　주장의 근거
知性《ちせい》		intelligence　智力, 思考能力　지성
知的《ちてき》(な)		intelligent　有智慧的, 有知识的　지적
定義《ていぎ》(する)	意味を**定義する**	define a meaning　定义意义　의미를 정의하다
養成《ようせい》(する)	プロを**養成する**	nurture professionals　培养职业意识　프로를 양성하다
類推《るいすい》(する)	結果を**類推する**	draw conclusion by analogy　类推结果　결과를 유추하다

●言語《げんご》・文学《ぶんがく》　language, literature　语言・文学　언어・문학

～著《ちょ》		written by ～　～著　~저
一覧《いちらん》	参考文献《ぶんけん》の**一覧**	list of background materials　参考文献一览　참고문헌의 일람
イントネーション	**イントネーション**が違う	intonation is different　声调不同　억양이 다르다
引用《いんよう》(する)	資料を**引用する**	quote a source　引用资料　자료를 인용하다
記載《きさい》(する)	**記載**事項《じこう》	items mentioned　记载事项　기재사항
記述《きじゅつ》(する)	**記述**式の問題	written question　记述式的问题　서술형 문제
掲載《けいさい》(する)	雑誌に**掲載する**	publish in magazine　在杂志上登载　잡지에 게재하다
口語《こうご》	**口語**表現	colloquial expression　口语表现　구어표현
古典《こてん》	**古典**から学ぶ	learn from the classics　从古典中学习　고전에서 배우다
参照《さんしょう》(する)	資料を**参照する**	refer to a document　参照资料　자료를 참조하다
熟読《じゅくどく》(する)	説明書を**熟読する**	read a manual thoroughly　熟读说明　书설명서를 숙독하다

主題《しゅだい》	**主題**を明確にする	clarify a theme　明确主题　주제를 명확하게 하다
書評《しょひょう》	新刊の**書評**	book review of a new book　新刊的书评　신간의 서평
書物《しょもつ》	古い**書物**	old book　旧书籍　오래된 책
創作《そうさく》(する)	小説を**創作する**	produce a novel　创作小说　소설을 창작하다
著書《ちょしょ》		one's book　书　저서
伝聞《でんぶん》	**伝聞**情報	information obtained through hearsay　传闻信息　전문정보
投稿《とうこう》(する)	新聞に**投稿する**	contribute to the newspaper　向报纸投稿　신문에 투고하다
訛《なま》り	**訛り**がある	have an accent　有乡音　사투리가 있다
皮肉《ひにく》(な)	**皮肉**を言う	make ironical remarks　讽刺　비꼬다
文献《ぶんけん》	**文献**を探す	look for the literature/references　找寻文献　문헌을 찾다
文脈《ぶんみゃく》	**文脈**を捉《とら》える	understand the context　抓住文脉　문맥을 짚다
母語《ぼご》	**母語**で話す	speak in one's mother tongue　用母语来说　모어로 말하다
前置《まえお》き(する)	**前置き**をする	make prefatory remarks　前言　서론을 말하다
要旨《ようし》	**要旨**をまとめる	summarize the key points　总结要旨　요지를 정리하다
要約《ようやく》(する)	論文を**要約する**	summarize a thesis　总结论文　논문을 요약하다
朗読《ろうどく》(する)	詩を**朗読する**	recite a poem　朗读诗　시를 낭독하다

●文化《ぶんか》・芸術《げいじゅつ》　culture, art　文化・艺术　문화 예술

意図《いと》(する)	作者の**意図**	intention of the author　作者的意图　작자의 의도
映像《えいぞう》		image　图像　영상
演《えん》じる	主役を**演じる**	play the lead role　饰演主角　주역을 연기하다
音声《おんせい》		voice　声音　음성
絵画《かいが》		painting　绘画　회화
口《くち》ずさむ	歌を**口ずさむ**	sing to oneself　随性歌唱　노래를 흥얼거리다
工芸《こうげい》		artifact　工艺品　공예품
コンテンツ	魅力的な**コンテンツ**	attractive content　有魅力的内容　매력적인 콘텐츠
シナリオ	ドラマの**シナリオ**	drama scenario　电视剧的剧本　드라마의 시나리오
芝居《しばい》	**芝居**を見る	see a play　看戏　연극을 보다
せりふ	有名な**せりふ**	famous lines　有名的台词　유명한 대사
装飾《そうしょく》(する)	店を**装飾する**	decorate a shop　装饰店铺　가게를 장식하다
著作権《ちょさくけん》	**著作権**を守る	protect a copyright　保护著作权　저작권을 지키다
ニュアンス	細かい**ニュアンス**	subtle nuance　细微的差别，微妙的感觉　세세한 뉘앙스
音色《ねいろ》	ピアノの**音色**	timbre of piano　钢琴的音色　피아노의 음색
美術《びじゅつ》		art　美术　미술

描写《びょうしゃ》(する)	風景を**描写する**	depict a scene　描写风景　풍경을 묘사하다

●国《くに》・政治《せいじ》　nation, politics　国家・政治　국가・정치

改革《かいかく》(する)	**改革**を唱える	propose a reform　提倡改革　개혁을 외치다
革新《かくしん》		reform　革新　혁신
革命《かくめい》		revolution　革命　혁명
協議《きょうぎ》(する)	具体策《ぐたいさく》を**協議する**	discuss concrete plans　协议具体政策　구체 책을 협의하다
行政《ぎょうせい》		executive　行政　행정
国土《こくど》		national territory　国土　국토
国家《こっか》	**国家**の安全	national security　国家的安全　국가의 안전
支配《しはい》(する)	国を**支配する**	rule a country　统治国家　국가를 지배하다
司法《しほう》		judiciary　司法　사법
首脳《しゅのう》	政府**首脳**	government leader　政府首脑　정부수뇌
情勢《じょうせい》	**情勢**を見守る	keep an eye on the situation　关注形势　정세를 지켜보다
条約《じょうやく》	**条約**を採択《さいたく》する	adopt a treaty　通过条约　조약을 채택하다
親善《しんぜん》	**親善**に努める	work to maintain goodwill　致力于亲善　친선에 노력하다
侵略《しんりゃく》(する)	隣国《りんごく》を**侵略する**	invade a neighboring country　侵略邻国　이웃 나라를 침략하다
衰退《すいたい》(する)	産業の**衰退**	decline of an industry　产业衰退　산업의 쇠퇴
政権《せいけん》	**政権**をとる	come to power　夺取政权　정권을 잡다
政策《せいさく》	**政策**を掲《かか》げる	set forth a policy　提出政策　정책을 내걸다
政党《せいとう》		party　政党　정당
声明《せいめい》	**声明**を発表する	make a statement, declaration　发表声明　성명을 발표하다
体制《たいせい》	新しい**体制**で臨《のぞ》む	start with a new regime　用新的体制来统治国家　새체제로 임하다
治安《ちあん》	**治安**を守る	maintain public order　维护治安　치안을 지키다
秩序《ちつじょ》	**秩序**を保《たも》つ	maintain order　保持秩序　질서를 유지하다
独裁《どくさい》	**独裁**国家	dictatorship　独裁国家　독재국가
内閣《ないかく》		Cabinet　内阁　내각
難民《なんみん》		refugee　难民　난민
繁栄《はんえい》(する)	国の**繁栄**	prosperity of a nation　国家的繁荣　국가의 번영
表明《ひょうめい》(する)	意見を**表明する**	express one's opinion　表明意见　의견을 표명하다
紛争《ふんそう》	**紛争**地帯	conflict zone　纷争地带　분쟁 지대
方針《ほうしん》	**方針**を示す	announce a policy　显示方针　방침을 제시하다
母国《ぼこく》		home country, motherland　祖国　모국
保守《ほしゅ》		conservative　保守　보수

マスコミ		mass communication　广告　매스컴
マスメディア		mass media　大众媒体　매스미디어
友好《ゆうこう》(な)	**友好な**関係	harmonious relationship　友好的关系　우호적인 관계
世論《よ(せ)ろん》		public opinion　社会舆论　여론
立法《りっぽう》		legislature　立法　입법
領土《りょうど》	**領土**を侵《おか》す	intrude on one's territory　侵入领土　영토를 침범하다

●法律《ほうりつ》・行政《ぎょうせい》　laws,administration　法律・行政　법률· 행정

改正《かいせい》(する)	法律を**改正する**	amend a law　修改法律　법률을 개정하다
改定《かいてい》(する)	制度を**改定する**	revise a system　重新规定法律　제도를 개정하다
財政《ざいせい》	**財政**の危機	crisis of the finance　财政危机　재정의 위기
施行《しこう》(する)	法律を**施行する**	enforce a low　施行法律　법률을 시행하다
自治体《じちたい》		local government　具有行政自治权的公共团体　자치 단체
条例《じょうれい》	**条例**を定める	enact a regulation　制定条例　조례를 정하다
制定《せいてい》(する)	法律を**制定する**	establish a law　制定法律　법률을 제정하다
整備《せいび》(する)	法律を**整備する**	streamline laws　调整法律　법률을 정비하다
追及《ついきゅう》(する)	不正を**追及する**	investigate an injustice　追究违法行为　부정을 추궁하다
取《と》り締《し》まる	違反を**取り締まる**	crack down on violations　取缔违法行为　위반을 단속하다
廃止《はいし》(する)	制度を**廃止する**	abolish an institution　废除制度　제도를 폐지하다
保障《ほしょう》(する)	権利を**保障する**	guarantee a right　保障权利　권리를 보장하다
免除《めんじょ》(する)	税金を**免除する**	exempt from paying tax　免除税金　세금을 면제하다

●経済《けいざい》　economy　经济　경제

緩和《かんわ》(する)	規制《きせい》を**緩和する**	ease regulations　缓和规定　규제를 완화하다
供給《きょうきゅう》(する)		supply　供给　공급
均衡《きんこう》(する)	**均衡**を図る	balance (income and expenditure, budget)　谋求均衡　균형을 꾀하다
高騰《こうとう》(する)	価格が**高騰する**	price soars　价格高涨　가격이 등귀하다
雇用《こよう》(する)	**雇用**を増やす	increase employment　增加雇佣　고용을 늘리다
財政《ざいせい》	国の**財政**	national finance　国家的财政　나라의 재정
失業《しつぎょう》(する)		become unemployed　失业　실업하다
収支《しゅうし》	**収支**の内訳	breakdown of income and expenditure　收支的内详　수지의 내용
需要《じゅよう》		demand　需要　수요
所得《しょとく》	**所得**を得る	gain an income　得到收入　소득을 얻다
低迷《ていめい》(する)	景気が**低迷する**	economy stagnates　经济状况低迷　경기가 나쁜 상태에서 헤어나지 못하다

動向《どうこう》	**動向**を見る	watch a trend　看动向　동향을 보다
投資《とうし》（する）	A社に**投資する**	invest in company A　投资到A公司　A사에 투자하다
負債《ふさい》	**負債**を抱《かか》える	have debts　承担负债　부채를 껴안다
物価《ぶっか》	**物価**が上がる	cost of living rises　物价上涨　물가가 오르다
暴落《ぼうらく》（する）	株が**暴落する**	stock plunges　股票暴跌　주식이 폭락하다
融資《ゆうし》（する）	**融資**を受ける	obtain financing　接受融资　융자를 받다

●裁判《さいばん》　court　审判　재판

検事《けんじ》		prosecutor　检察官　검사
公平《こうへい》（な）	**公平な**裁判	fair trial　公平的判决　공평한 재판
裁《さば》く	罪を**裁く**	judge　审判罪行　죄를 심판하다
証言《しょうげん》（する）		testimony　作证　증언
訴訟《そしょう》（する）	**訴訟**を起こす	take a legal action against　提起诉讼　소송을 일으키다
損害《そんがい》	**損害**を被《こうむ》る	suffer damage　蒙受损害　손해를 입다
償《つぐな》う	罪を**償う**	expiate one's guilt　抵罪　죄에대해 속죄하다
賠償《ばいしょう》（する）	損害**賠償**	compensation for damage　损害赔偿　손해배상
判決《はんけつ》（する）	**判決**が出る	give decision on a case　判决出来　판결이 나오다
弁護士《べんごし》		attorney　律师　변호사
法廷《ほうてい》	**法廷**で争う	fight a lawsuit　在法庭上争辩　법정에서 다투다
無罪《むざい》		innocent　无罪　무죄
有罪《ゆうざい》	**有罪**判決	conviction　判决有罪　유죄판결

●技術《ぎじゅつ》・産業《さんぎょう》　technology, industry　产业・技术　산업・기술

アナログ	**アナログ**機器	analog equipment　模拟式机器　아날로그 기기
遺伝子《いでんし》		gene　遗传基因　유전자
加工《かこう》（する）	金属の**加工**	metal processing　金属的加工　금속의 가공
画期的《かっきてき》（な）	**画期的な**商品	groundbreaking product　划时代的商品　획기적인 상품
原子力発電《げんしりょくはつでん》	**原子力発電**	nuclear power generation　原子能发电　원자력 발전
考案《こうあん》（する）	新製品を**考案する**	devise a new product　考察新产品　신제품을 고안하다
鉱山《こうざん》		mine　矿山　광산
産出《さんしゅつ》（する）	石油の**産出**量	volume of oil production　石油的生产量　석유의 산출량
仕組《しく》み	機械の**仕組み**	structure of machinery　机械的构造　기계의 구조
従事《じゅうじ》（する）	農業に**従事する**	be engaged in agriculture　从事农业　농업에 종사하다
省《しょう》エネルギー		energy saving　节省能源　에너지 절약

精密《せいみつ》(な)	**精密な**機械	precise machine　精密的机械　정밀한 기계
先端技術《せんたんぎじゅつ》		cutting-edge technology　先进技术　첨단기술
携《たずさ》わる	開発に**携わる**	involved in the development of　从事开发　개발에 관여하다
テクノロジー		technology　科学技术　테크놀로지
鉄鋼《てっこう》		iron and steel　钢铁　철강
バイオテクノロジー		biotechnology　生命工程学　바이오 테크놀로지
肥料《ひりょう》		fertilizer　肥料　비료
放射能《ほうしゃのう》		radioactivity　放射能　방사능
輸送《ゆそう》(する)	物資の**輸送**	transportation of goods　物资的运送　물자의 수송
酪農《らくのう》		dairy farming　乳业　낙농
流通《りゅうつう》(する)	商品の**流通**	flow of goods　商品的流通　상품의 유통
領域《りょういき》	未知の**領域**	unknown domain　未知领域　미지의 영역

●自然《しぜん》　nature　自然　자연

エコ	**エコ**に関心がある	be interested in ecological issues　关心环保　친환경에 관심이 있다
オス		male　雄　수컷
汚染《おせん》(する)	川の水の**汚染**	pollution of the river water　河水的污染　하천물의 오염
河川《かせん》		river　河川　하천
希少《きしょう》(な)	**希少な**資源	rare resource　稀缺的资源　희소한 자원
警報《けいほう》	津波**警報**	tsunami warning　海啸警报　해일경보
鉱山《こうざん》	**鉱山**で働く	work in a mine　在矿山工作　광산에서 일하다
昆虫《こんちゅう》		insects　昆虫　곤충
細胞《さいぼう》	**細胞**が分裂する	cell divide　细胞分裂　세포가 분열하다
飼育《しいく》(する)	にわとりを**飼育する**	breed chickens　养鸡　닭을 사육하다
自然淘汰《しぜんとうた》(する)		natural selection　自然淘汰　자연도태
弱肉強食《じゃくにくきょうしょく》		survival of the fittest　弱肉强食　약육강식
樹木《じゅもく》		tree　树木　수목
進化《しんか》(する)	生物の**進化**	evolution of living things　生物的进化　생물의 진화
震度《しんど》		earthquake intensity　地震烈度　진도
性別《せいべつ》		sex　性别　성별
絶滅《ぜつめつ》(する)	動物が**絶滅する**	animal beomes extinc　动物灭绝　동물이 절멸하다
退化《たいか》(する)	羽が**退化する**	wings atrophy　翅膀退化　날개가 퇴화하다
津波《つなみ》	**津波**のおそれ	possibility of tsunami　海啸的恐怖　해일의 우려
天候《てんこう》	**天候**の回復	weather clearing up　天气恢复　날씨의 회복

天然《てんねん》	**天然**の水	natural water　天然水　천연의 물
内陸《ないりく》		inland　内陆　내륙
排気《はいき》ガス		emission　废气　배기가스
伐採《ばっさい》（する）	森林を**伐採する**	deforest　采伐森林　삼림을 벌채하다
被害《ひがい》	**被害**を受ける	be damaged　蒙受损失　피해를 보다
被災《ひさい》（する）	**被災**地域	stricken region　受灾区域　피해지역
ひな	カラスの**ひな**	young crow　乌鸦的雏鸟　까마귀 새끼 새
ふ化《か》（する）	鳥が**ふ化する**	a bird hatches　鸟类孵化　새가 부화하다
哺乳類《ほにゅうるい》		mammal　哺乳类　포유류
マグニチュード		magnitude　震级　마그니튜드
メス		female　雌　암컷

●医療《いりょう》・健康《けんこう》　hospital, health　医疗・健康　의료・건강

安静《あんせい》	家で**安静**にする	rest at home　在家里静养　집에서 안정을 취하다
医療《いりょう》	**医療**関係の仕事	health care job　医疗关系的工作　의료 관계의 일
衰《おとろ》える	体力が**衰える**	to become weak　体力衰弱　체력이 쇠약해지다
介護《かいご》（する）	老いた親を**介護する**	look after one's aging parents　照顾年老的双　亲늙을 부모를 돌보다
過労《かろう》	**過労**で倒れる	collapse from overwork　由于过于疲惫而倒地　과로로 쓰러지다
感染《かんせん》（する）	ウイルスに**感染する**	infected with a virus　感染细菌　바이러스에 감염되다
休養《きゅうよう》（する）	**休養**をとる	take sick leave　休养生息　휴양을 하다
細菌《さいきん》	**細菌**の繁殖《はんしょく》	growth of bacteria　细菌的繁殖　세균의 번식
脂肪《しぼう》	**脂肪**がつく	get fat　长脂肪　지방이 붙다
消化《しょうか》（する）	**消化**にいい	good for digestion　对消化好　소화에 좋다
症状《しょうじょう》	**症状**が現れる	symptoms appearing　出现症状　증상이 나타나다
診断《しんだん》（する）	医師の**診断**	doctor's diagnosis　医师的诊断　의사의 진단
体調《たいちょう》	風邪で**体調**を崩す	fall sick due to a cold　由于感冒身体变差　감기로 몸의 리듬이 무너지다
体力《たいりょく》	**体力**をつける	get stronger　增加体力　체력을 늘리다
だるい	体が**だるい**	feel sluggish　身体疲惫　몸이 나른하다
内臓《ないぞう》	**内臓**の病気	intestinal disease　内脏的病症　내장의 병
疲労《ひろう》（する）	**疲労**がたまる	extremely exhausted　疲劳堆积　피로가 쌓이다
保険《ほけん》	**保険**の適用を受ける	be entitled to be covered by insurance　将保险用于诊治　보험의 적용을 받다
老衰《ろうすい》	**老衰**で亡くなる	die of old age　衰老死亡　노쇠로 돌아가시다

PART 1

実《じっ》戦《せん》練《れん》習《しゅう》

Practice exercises

実戦練習实战练习

실전연습

内容理解（短文）

3分　問題１　次の文章を読んで、後の問いに対する答えとして、最もよいものを、１・２・３・４から一つ選びなさい。

　不動産の仕事に就いて20年。仕事柄、「マンションを買いたいが、いつが買い時か」という相談をよく受けます。仕事が安定して、予算や住みたい町、希望の間取りなどについて考えがまとまったなら、特に購入時期を迷う必要はないでしょう。市場でいう買い時よりも、自分自身のタイミングを重視した人のほうが、たいていは満足のいく買い物ができるようです。ただ、将来マンションを人に貸す予定がある場合は、購入時期をよく検討することをお勧めします。マンションの供給が多い時期は、誰でも住みたくなるような物件を比較的安く買えるので、好機といえます。借り手が見つかりやすいうえに、利益も期待できるからです。

1　筆者は、自宅用マンションを購入する場合の買い時はどんな時だと述べているか。

1　仕事が安定し、マンションを買いたいと思った時
2　マンションの供給が多い時期
3　タイミングが大事だとわかった時
4　誰でも住みやすい、いいマンションに出会えた時

3分 **問題2　次の文章を読んで、後の問いに対する答えとして、最もよいものを、1・2・3・4から一つ選びなさい。**

火山国の日本ですが、地熱発電所はここ10年間建設されていません。建設費がかかるだけでなく、地質の基礎調査から発電所の稼動《かどう》(※1)まで約10年を要しますので、一企業には負担が大きすぎるのです。また、候補地の多くが国定公園や温泉地に当たるため、法規制や地域住民の反対によって基礎調査すら始められない、という現状もあります。一方で、安定稼動《かどう》まで進めば、比較的低コストで維持でき、天候にも左右されずに電力を供給することができます。電力源として非常に魅力的であり、国内に開発技術もあることから、国の政策支援いかんでは、今後最も期待できる発電事業だといえます。

(※1) 稼働：人や機械などが仕事をすること

1　地熱発電所について、筆者は何が必要だと述べているか。

1　新型の発電所を開発するだけの技術
2　発電所が安定稼動《かどう》するまでの初期コスト
3　基礎調査や建設をするための国の支援
4　地熱発電に適した地質の土地

3分 **問題3　次の文章を読んで、後の問いに対する答えとして、最もよいものを、1・2・3・4から一つ選びなさい。**

> 　ナポレオンの睡眠時間が３時間だったというのは有名な話ですが、アインシュタインの睡眠時間を知っている人はそう多くないのではないでしょうか。実は、彼の平均的な睡眠時間は10時間だったと言われています。忙しく働く現代人は、睡眠時間をたくさん取ることに抵抗を感じる傾向があるようです。しかし、睡眠時間が長くても出世することはできますし、その逆もまたしかりです。どれくらいの睡眠時間を取るかは、自分自身と相談しながら自然に定まるべきものであり、短いほうがいいというものでは決してないのです。

1　筆者は睡眠についてどのように考えているか。

1　睡眠時間が短くても生活に支障はない。
2　睡眠は多く取ることが望ましい。
3　人それぞれに適した睡眠時間がある。
4　偉大な人は皆、睡眠時間に特徴がある。

3分 **問題4　次の文章を読んで、後の問いに対する答えとして、最もよいものを、１・２・３・４から一つ選びなさい。**

（ある会社が一般の利用客に向けて出したＥメール）

「ザッカドットコム」ご利用の皆様

いつもザッカドットコムをご利用いただき、誠にありがとうございます。
さて、来る2015年○月○日（土）午前0時から8時まで、サーバーのメンテナンスのため、当サイトの配信を一時停止させていただきます。その間、すべてのオンラインでの業務は受け付けができませんので、ご了承ください。

　皆様には大変ご迷惑をおかけしますが、オンラインショップの拡大を含めたサイトリニューアルの第一歩として、ご協力いただきますよう、お願い申し上げます。また、今回のリニューアルにともなって、お客様のお買い物がより楽しくなる新機能も登場する予定です。

　　株式会社ＡＢＣ

1　このメール文は何についての文書か。

1　システム障害の発生の報告とお詫び
2　ホームページの一時利用中止の告知
3　他のオンラインショップとの合併のお知らせ
4　店舗改装の工事計画と新店舗の案内

3分 問題5　次の文章を読んで、後の問いに対する答えとして、最もよいものを、１・２・３・４から一つ選びなさい。

私は１年前から自転車通勤を始め、毎朝１時間かけて、自宅から会社まで通っている。きっかけは、職場の健康診断で運動不足を指摘されたことだった。確かに、自転車通勤を始めたことで体力が付き、緩んだお腹が引き締まっていくのを感じた。また、一般に言われるように、寄《よ》り道《みち》(※１)ができることや季節を感じられることが、自転車通勤ならではの楽しみだと実感した。しかし、私にとっての楽しみはそれに留まらない。自転車の場合は、電車通勤とは違い、家や会社を出た途端に一人になれるのだ。少しの間だが、風を感じながらの一人旅は、ちょっとした解放感が得られ、とても気分がいいのである。

(※１) 寄り道：目的地へ行く途中で、他の所へ立ち寄ること

1　筆者は、自転車通勤の時間をどんな時間として最も意義を感じているか。

1　健康を維持するのに有効な時間
2　気の向くままに寄り道して楽しむ時間
3　周りの景色を眺めながら四季を感じる時間
4　自由な気分を味わえる時間

3分 **問題6　次の文章を読んで、後の問いに対する答えとして、最もよいものを、1・2・3・4から一つ選びなさい。**

　最近、口げんかが下手な若者が増えているそうだ。だとすると、その原因の一つとして、親子間のコミュニケーション不足が考えられる。今の日本には、夫婦共働きや一人っ子の家庭が多い。そうすると、子どもたちは学校から帰った後、長時間だれとも会話することなく、一人きりで過ごすことになる。そのような生活が続く中で、感情を言葉で表す術《すべ》がわからなくなり、口より先に手が出てしまう子供や、知識ばかりが先行する、いわゆる「頭でっかち」の子供が増えてきたのではないだろうか。

1　筆者は、若者が口げんかが下手になっているのはなぜだと考えているか。

1　けんかをしないよう、親にしつけられたから。
2　昔より賢くなって、けんかを避けるようになったから。
3　自分の気持ちの伝え方がよくわからないから。
4　学校に口げんかをする相手がいなくなったから。

3分 **問題7**　次の文章を読んで、後の問いに対する答えとして、最もよいものを、1・2・3・4から一つ選びなさい。

枝豆には「早生《わせ》」「中生《なかて》」「晩生《おくて》」などの品種があり、それぞれ栽培時期が異なります。早生《わせ》の品種は４月初めに種をまき、わずか２カ月半ほどで収穫できます。晩生《おくて》は６月に種まきをし、９月ごろ収穫します。

早生《わせ》は病害虫の発生が少ない時期に収穫できる、中生《なかて》は気温の上がる５月に種まきをするため発芽の失敗が少ない、晩生《おくて》は生育期間(※1)が長いので実が大きくなるなど、それぞれのメリットがあります。

一方、いずれの品種にも共通するのが、芽が出るまでは鳥に狙われやすいということです。そのため、土にネットをかぶせるなどの対策がとられています。

（※1）生育期間：種まきから収穫までの期間

1　本文の内容と合っているものはどれか。

1　「早生《わせ》」は、発芽の失敗が比較的多い。
2　「晩生《おくて》」は、収穫まで比較的長い時間がかかる。
3　５月に収穫する品種がある。
4　「中生《なかて》」の芽は、鳥に食べられにくい。

3分 **問題 8　次の文章を読んで、後の問いに対する答えとして、最もよいものを、1・2・3・4から一つ選びなさい。**

どうして人はツメをかんでしまうのでしょうか。ツメかみの癖がある人を観察していると、読書をしている時、仕事中、受験勉強中、または携帯電話をいじっている時など、どうやら何かに没頭しているときにツメをかむようです。ツメをかむという行動には、活発になりすぎた脳の働きを落ち着かせるといった性質があり、ツメをかむ行為自体は無意識的なものだといえます。また、ツメをかまなくても、顔や髪の毛を触ることでも同様の心的効果が得られるようです。心理学ではこのような行為を「自己親密行動」と呼びます。

1　筆者は「自己親密行動」はどんなときに出る行動だといっているか。

1　不安や恐怖を感じたとき
2　精神的な疲労をやわらげたいとき
3　集中力を高めようと思ったとき
4　何かに打ち込み脳をよく使ったとき

3分 **問題9　次の文章を読んで、後の問いに対する答えとして、最もよいものを、1・2・3・4から一つ選びなさい。**

先日の震災直後から、私たちは情報の洪水の中にいた。あの時かけめぐった数多くの憶測の情報やうわさに一切触れることがなかったという人が果たしてどれだけいるだろうか。専門家の分析によると、過去の大きな災害時や戦時中に流れた数々のうわさと驚くほど符合《ふごう》する点が多いという。ただし、これらは必ずしも「正しい情報を知ろう」という意図をもって流されるわけではない。自分たちの置かれている予測不能であいまいな事態に対して、一刻も早くそれを解釈しようとする気持ちがうわさを自然発生させるのである。うわさとは、いわば見えないものに対する我々自身の恐怖心、願望そのものだともいえよう。

1　筆者はどうして人々はうわさを流すと言っているか。

1　人と恐怖心を共有することによって、安心したいから。
2　特殊な状況に置かれて、冷静な判断ができなくなったから。
3　その情報が正しいかどうか多くの人と確かめたいから。
4　不明瞭な事態の全体像を早く理解し、納得したいから。

3分 問題10　次の文章を読んで、後の問いに対する答えとして、最もよいものを、1・2・3・4から一つ選びなさい。

「人が幸せになると、自分もうれしい気持ちになるんです」という人がいる。そこには動かぬ矛盾が存在する。人を幸せにしたいなんてかっこいいことを言っておきながら、実際は自分がうれしいからそうしているだけなんじゃないか。自分の自己満足のために人を利用しているのではないか。これは利他主義の皮をかぶった利己主義だ。だから、私は究極の利己主義者になろうと思う。実は利己主義は好き勝手に振舞えばいいように見えて、結構難しい。その時その時に応じて、目先の利益ではなく、後々の事も考えながらどうするのが自分にとって最善かを考えないといけないのだ。自分にとってマイナスの結果を招きたくなければ、人に迷惑はそうそうかけられないのだ。自分のやりたいようにやって、それでいて人の迷惑にもならない。それこそ私が目指すところの利己主義なのである。

1　筆者が理想とする「利己主義」とはどういったものか。

1　短期の利益ではなく、長い目で自分の利益を考えるもの
2　人を幸せにしたいと願うことで自分も他人も幸せにするもの
3　人の迷惑を顧みず、自分の思うままに生きようとするもの
4　自分のことしか考えず、人とかかわらないように生きるもの

内容理解（中文）

5分　問題１　次の文章を読んで、後の問いに対する答えとして、最もよいものを、１・２・３・４から一つ選びなさい。

自分一人がサバンナにぽつんと立っていて、そこにライオンが来れば自分が食われてしまう可能性は非常に高いわけですが、もう一人いれば、確率は二分の一になります。三人いれば三分の一、というように、多くいればいるほど自分が犠牲になる確率は少なくなるのです。

（中略）

では、集団は大きければ大きいほどいいのでしょうか。そんなことはありません。あまり大きくなると、こんどは①損失が生じてきます。一人あたりの分け前が減るのです。有限の食物が集中して存在しているときには、それを食べる人数が増えれば増えるほど一人あたりの取り分は減ります。取り分を増やそうとすると、新たな食物を探さなければなりませんが、それには移動のためにエネルギーや時間を使わなければなりません。つまり、捕食者対策の利益と採食競合の損失の釣り合いがとれたところで、集団の大きさは決まっているといえます。

集団が大きくなると採食の面で損失が増えるといいましたが、実はこれは集団がひとつしかない場合のことです。隣接する集団がいて、同じ食物を巡って争っている場合はどうでしょうか。集団間の争いの場合、単純に考えて数が多い方が優位になります。ということは、数が多い方が採食にとって有利に働くこともあるのです。

（小田亮『ヒトは環境を壊す動物である』ちくま新書による）

1　①<u>損失</u>の内容に最も近いものはどれか。

1　一人ひとりが食物を探す場所が狭くなる。
2　一人あたりのエネルギー消費量が高くなる。
3　一人ひとりが生存できる確率が低くなる。
4　一人ひとりが十分食べることができない。

2　筆者の説明と合っているものはどれか。

1　一つの集団における採食を考えると、集団は小さいほうがいい。
2　小さい集団に属しているほうが、敵に食べられる可能性が低い。
3　サバンナの動物は、食物を得るために移動をくり返す。
4　隣接する同じような集団があれば、敵と争う際に協力できるので有利だ。

3　この文章は主に何について述べたものか。

1　集団が形成されるプロセス
2　集団の大きさのバランス
3　集団の内と外のライバル
4　集団で暮らすメリット

5分 問題２　次の文章を読んで、後の問いに対する答えとして、最もよいものを、１・２・３・４から一つ選びなさい。

首相から人気グループ、霊能者《れいのうしゃ》、一般の人たちまでが、急に声をそろえて「ありがとう、ありがとう」と連呼《れんこ》するようになった感がある。いったいどうしてなのだろう。そして、この現象は本人が「ありがとう」と感謝するだけでなく、他の人にも「ありがとうと感謝すべきだ」という空気をつくっているようにも思える。(中略)

「感謝の心を持とう」とすすめる論の多くは次のように言う。日々の生活の中にちょっとした不安や心配があったとしても、とにかくこの世界に生まれたこと自体《じたい》が奇跡《きせき》なのだから、まずはそこに感謝するべきなのだ。そして、たとえ最高の人生を歩んでいなくても、とりあえず身近に家族や友人がいるなら、その人たちに「ありがとう」という気持ちを持てばよい。これ自体は、ある意味で正論《せいろん》なのだが、内《ない》実《じつ》(※１)は、「たとえ幸せとは言えない状態であっても、感謝するべきなのです」というメッセージにもなってしまっている。(中略)

いくら苦しい状況でもとりあえず感謝せよ、と言われることで、本来、家族や社会あるいは時の権力に対して持つべきだった疑問、行うはずだった抗議も①口に出せず、「これも運命なんだ」と受け入れてしまう人も増えてしまうのではないだろうか。そうした「ありがとう」の押しつけは、結局のところ、苦しみを背負うのは自分ばかりという自己責任の考え方に向かうことになる。

（香山リカ『「悩み」の正体』岩波新書による）

（※１）内実：内部の実情、本当のところ

1 最近どんな人が増えていると筆者は述べているか。

1 感謝の心を持つ大切さを子どもに教える人
2 どんな場面でも感謝の言葉を口にする人
3 自分を生んでくれた親に感謝する人
4 気持ちも込めず「ありがとう」と言う人

2 ①口に出せずという状態になるのはなぜか。

1 不満を抱いてはいけないように思わされているから。
2 自分を苦しめている家族や社会の状況があまりにも悪いから。
3 苦しい気持ちを訴える相手がいないから。
4 今生きていることや周りの人の存在に満足してしまったから。

3 この文章で筆者が最も言いたいことはどれか。

1 本当に感謝の気持ちがあるなら、それを態度で表すべきだ。
2 どんな場合でも感謝の気持ちを持つべきという考え方には問題がある。
3 家族や友人に対しては、心の中でしっかりと感謝すればいい。
4 人から感謝されればされるほど、苦しみを感じる人もいる。

5分 **問題3　次の文章を読んで、後の問いに対する答えとして、最もよいものを、1・2・3・4から一つ選びなさい。**

　大昔の人びとは、花にかこまれていました。だから、花をわざわざ表現しようと思わなかったのです。ところが、人間は文明を発達させるにつれて、自然をこわしていきます。そして、自然をこわせばこわすほど、人は①花を表現するようになったのではないでしょうか。

　森林や草地を開いて、垣根《かきね》をつくります。垣根のなかには、木を植えたり草花を植えたりして花を楽しみます。建物のなかはいくつもの部屋に分かれた完全に人工的な空間です。この人工的な空間のなかで、人間は長い時間をすごすようになってきます。そうすると、殺風景な気分を和らげるために、そこに自然をもちこみたくなります。部屋の壁に花の模様を使ったり、花の絵を飾ったりします。生け花を飾り、鉢植えの花をもってきたりします。窓の外には花壇をつくります。

　（中略）世界的にみても花の造形の歴史は新しく、とくに花専門の絵が出てくるのはわずか100年前のことなのです。このように花の造形の歴史がひじょうに新しいという事実の解釈として、知的な発達で人間は花を愛するようになったという解釈もあります。しかし私はむしろ、人間は自然をこわせばこわすほど花を愛するようになったのではないかと考えているのです。

（佐原真『遺跡が語る日本人のくらし』岩波ジュニア新書）

1 ここでの①花を表現する例として、適当でないものはどれか。

1 花びんに花を飾ること
2 校庭に花を植えること
3 毎年春に、花見をしに行くこと
4 部屋のカーテンを花柄にすること

2 この文章によると、人間が花を愛する気持ちを強くするのはなぜだと考えられるか。

1 人間の知能が発達し、花の美しさを理解できるようになったから。
2 文明の発達にともなって、周囲から自然が失われていくから。
3 花を描いた造形物が増え、花の魅力をより感じるようになったから。
4 何もない人工的な空間に飽きてきたから。

3 この文章では何を説明しているか。

1 日本における花の造形の歴史
2 人間が花を表現したがる理由
3 今日における自然破壊の原因
4 人間の知的発達と花との関係

5分 問題4　次の文章を読んで、後の問いに対する答えとして、最もよいものを、1・2・3・4から一つ選びなさい。

具体的に問題解決をはじめるときに重要なことは、ようするになにをやりたいかという「目的」をはっきりさせることだ。

(中略)

なお、目的を明確化すると言っても、一方で、とても具体的な目的が最初から与えられる場合もある。たとえば、会社の上司から「うまくアイロンをかけられるロボットをつくりなさい」と言われたとしよう。そのときには、その上司の言ったことのほんとうの意図をくむようにしよう。それをしない忠実な①部下は、それではアイロンを握って、布を適当な力で押しつけることのできるロボットアームや、布のしわを見つけるロボットビジョンの設計に、すぐとりかかるだろう。

しかし、そうではなくて、この上司は「洗濯が終わったら、できるだけ早く服を着られるようにしたい。そして、その目的の一つの具体的な方法として、アイロンがけロボットをつくれ」と言っているんだな、と考えると、なにもアイロンがけロボットにこだわる必要はなくなる。たとえば、衣料の繊維自体に手を加えて、洗濯してもしわができない繊維にしてしまえば、アイロンがけ自体が不要になる。すでに形状記憶繊維が普及しているから、②このような考え方の有効性はみんなわかっているよね。

(広瀬茂男『ロボット創造学入門』岩波ジュニア新書による)

1　この文章では、①部下をどのような人物の例として挙げているか。

1　特殊なロボットを発想できる独創的な人
2　上司の言葉どおりに業務に当たる人
3　目標を持って業務に当たろうとしない人
4　自分の能力を超えた仕事をしようとする人

2　②このような考え方とあるが、その内容として合わないものはどれか。

1　本当の目的をはっきりさせること
2　一つの方法にこだわらないこと
3　手のかからない方法で問題を解決すること
4　最も必要な機能は何かを考えること

3　「アイロンがけロボット」について、筆者はどう述べているか。

1　高度な先端技術を要するロボットであり、開発は困難だ。
2　繊維自体を加工する方法と同様に、広く普及すると予想される。
3　洗濯後できるだけ早く服を着たいという目的に対して最良の解決策だ。
4　上司の真意に沿うなら、ロボット以外のアプローチを考えてもよい。

5分 **問題5　次の文章を読んで、後の問いに対する答えとして、最もよいものを、1・2・3・4から一つ選びなさい。**

「フランス料理」という通常のカタカナ表記《ひょうき》では特別の語感《ごかん》(※1)は生じないが、漢字で「佛蘭西料理」と書くと、漢字の重々しい雰囲気で高級そうな感じになる。店の看板が「佛蘭西料理」となっていると、値段が心配になって店の前で財布の中身を調べたくなるような高級感が漂う。あえてその表記を使った店主《てんしゅ》の気概《きがい》(※2)も感じられるような気がする。「カレーライス」でも「カレー」でもなく、特に「カリー」という表記を打ち出した看板にも、どこにでもあるカレーとは違う本場の味を主張している雰囲気があり、客のほうも店主の自負《じふ》(※3)を感じるかもしれない。

東京にイタリア料理のピッツァの店が登場した昭和三十年代中ごろには、まだ「ピザ」という語はなく、「ピッツァ」という用語は単に珍しい食べ物をさす外来語であるという以外に、特別な語感は働かなかった。が、その後、その料理が広まり、特にアメリカ型の宅配ピザ(※4)がはやりだしてからは、日本中で「ピザ」という語が一般的になり、今では「ピッツァ」と呼ぶ人はめったに見かけない。そういう時代になった今、あえて「(　A　)」という本場イタリアのことばを看板に掲げる店を見ると、そんじょそこら(※5)の(　B　)とは違うとする職人の自負を感じる。その語を特に選んで使う客のほうにも、ある種のこだわりがあるのだろう。ことばは情報とともに、そういう自負やこだわりをも相手に送り届ける。

(中村明『語感トレーニング―日本語のセンスをみがく55題』岩波新書による)

(※1) 語感：その言葉から受ける感じ、印象、ニュアンス
(※2) 気概：強い意志
(※3) 自負：自分の才能や知識、業績などに自信と誇りを持つこと
(※4) 宅配ピザ：家まで配達されるピザ、そのようなサービス
(※5) そんじょそこら：(「どこにでもある」という気持ちをこめて) どこかその辺

1 「フランス料理」ではなく、「佛蘭西料理」と表記することでどのような効果があるか。

1 重々しい雰囲気の店だという印象を与える効果
2 他の多くの店と一味《ひとあじ》違いそうだと感じさせる効果
3 本場の食材を使っていることを示す効果
4 店主の調理技術の高さを保証する効果

2 （ A ）（ B ）に当てはまる言葉は、次のうち、どの組み合わせか。

1 A：ピザ　　B：ピザ
2 A：ピザ　　B：ピッツァ
3 A：ピッツァ　B：ピッツァ
4 A：ピッツァ　B：ピザ

3 本文の内容に合っているものはどれか。

1 「カレー」より「カリー」のほうが本格派の印象がある。
2 宅配ピザが広まったのは、昭和三十年代中ごろのことである。
3 かつては「ピザ」という語は一部の人が使う珍しい言葉であった。
4 ことばから受けるイメージは、人によってかなり異なる。

5分 **問題6　次の文章を読んで、後の問いに対する答えとして、最もよいものを、１・２・３・４から一つ選びなさい。**

私が大学生だった当時、入学式後のキャンパスで、授業科目選択における「楽《らく》勝《しょう》科目」や「ドハマリ授業」の情報を紹介する、学生サークル発行の情報誌が飛ぶように売れていることに強い違和感《いわかん》(※1)を持った。むしろ単位取得《しゅとく》が難しいとされる「ドハマリ授業」を選択するほうが自分の成長につながるのではないか。そう考え、友人たちが「楽勝科目」を中心に授業を選択する中、あえて「少人数の自主ゼミのため出席が厳しい」とか「教授の話は極めて難解《なんかい》。近づかないのが無難」といった評判の授業を選択した。

実際に授業を受けてみたところ、情報誌に書いてあることはかなり正解だった。確かに教授の話は難解で、睡魔《すいま》(※2)との戦いだった。なるほど「ドハマリ授業だ」と思った。しかし、転機《てんき》(※3)は間もなくやってきた。授業内容があまりにも難解だったため、講義終了後、先生をつかまえて質問をしてみた。するとその回答は意外とわかりやすかったのである。それで味をしめ(※4)、質問を繰り返すうちにそれが楽しみになっていった。時には時間が足りなくなり、教授と一緒に飲みに行くこともあった。居酒屋《いざかや》で人生の先輩に聞く話は刺激的だった。（中略）自分のほうから積極的に授業に関与することで、受けている授業が面白くなった。自分で考えて、自分から動くことの重要性を学ぶことができたのは大きな収穫だった。これで私は大学内という狭い世界から、一歩「社会化」することができた。

「楽勝科目」だけを選んで、楽しいラクな学生生活を送ることだけを考えていたら、こうした成長をすることはできなかっただろう。

（佐藤孝治『〈就活〉廃止論　会社に頼れない時代の仕事選び』PHP研究所による）

（※1）違和感：周りのものと合わない感じ
（※2）睡魔：こらえきれないほど眠たい感じ
（※3）転機：ある状態から他の状態に変わるきっかけ、変わり目
（※4）味をしめる：一度上手くいったことから、次もそれを期待すること

1　「ドハマリ授業」とはどのような授業のことか。

1　大教室での講義形式の授業
2　単調で刺激のない授業
3　講義を通して成長できる授業
4　容易には単位が取れない授業

2　「ドハマリ授業」を選択したことで筆者に起きた変化として、本文の内容に合わないものはどれか。

1　積極的に授業を受けるようになり、授業が面白くなった。
2　難解そうな授業でも、簡単な授業だと感じるようになった。
3　自分と年の離れた人とじっくり話をする機会を得た。
4　困難を乗り越える方法を自ら考え実践する大切さを学んだ。

3　この文章で筆者が最も言いたいことはどれか。

1　大学では、難解な授業を選択するほうがいい成績がとれてよい。
2　努力を怠っていては、社会で必要とされる力を身につけることができない。
3　大学では、専門外の科目を受講することにより、興味の幅が広がって成長できる。
4　楽しく快適な学生生活に流されていたら、卒業後、いい職には就けない。

内容理解（長文）

9分 **問題1　次の文章を読んで、後の問いに対する答えとして、最もよいものを、1・2・3・4から一つ選びなさい。**

（前略）猿の生態を詳しく観察すると、我々がどうしてあいさつをしなければいけないのかが、よくわかる。つまりあいさつというのは、出合ったものが相互に殺しあい、その世界を自分ひとりのものにしようとする手続きの、回避策なのである。ただし、この点で誤解をしてはならないのであるが、あいさつをすることによって猿は、その世界を共有するべく了解するのではない。逆である。あいさつをすることによって猿は、それぞれが別世界に存在することを確かめるのであり、それがたまたまその一点で交叉《こうさ》したに過ぎないことを了解するのであり、従って殺しあう必要のないことを知るのである。つまりあいさつというのは、それぞれが存在する世界の位相(注1)が、すれ違っていることの確認である。

その証拠に猿は、世界を共有しようとして近づいてくる相手に対しては、猛烈に排除する。逆に群棲《ぐんせい》しているもの同士は、それぞれにかぶさりあっていても位相を異にする別の世界に存在することが確認されているのであり、時にあいさつを交わしてそのことさえ確かめていれば、それぞれに侵略しあうことはないのである。

このことは恐らく重要であろう。あいさつというものは、出合ったもの同士がそれぞれに無害であることを確かめるための手続きである、と一般にはみなされていて、それ自体は間違いではないのだが、その時我々は同じ世界を共有しているのではなく、全く別の世界にそれぞれ分離されているのであり、だからこそ無害なのである。つまりあいさつの中には、相手がそれ以上自分自身の世界に近接しないよう警告を発し、同時に、相手を相手の世界の中に封鎖して閉じこめようとする、呪術《じゅじゅつ》(注2)的要素が含まれているのだ。

我々は、親しいものに対してはよくあいさつをし、①知らないものに対しては全くあいさつをしない。ということは、我々にとって、親しいものの方がともすれば有害となるのであり、従って度々あいさつを繰り返して無害なものにするべく努力する必要があるのであり、逆に知らないものの方がむしろ無害なのであって、当然あらためてそれを無害なものにするべく試みる必要はないのだ、ということを示している。言ってみればあいさつは、従来言われているように「親しみをこめて」するものというより、むしろ「親しみをこめるのをやめてもらう」べくするものなのだ。親しいもの同士が、「はい、そこまで」というのがあいさつにおける②正しい姿勢である。

（別役実『日々の暮し方』白水Uブックス）

(注1) 位相：それが現在置かれている状況や位置。
(注2) 呪術：超自然的・神秘的な力を借りて、願いをかなえようとする行為。

1 ①知らないものに対しては全くあいさつをしないのはなぜか。

1　無害であることがわかっているから。

2　自分の世界の外のものには関心がないから。

3　その相手が無害かどうか確かめたいから。

4　自分の世界に入ってこないように警告しているから。

2 あいさつについての②正しい姿勢とは、どのようなものか。

1　親しみを込めて、お互いの信頼の気持ちを示そうとする姿勢

2　出会った相手に対して、自分が敬意を持とうとする姿勢

3　危険だと認識したものを自分の領域から追い出そうとする姿勢

4　自分の領域に入ってくるものに警告を与えようとする姿勢

3 この文章では、あいさつのどういうことを説明しようとしているか。

1　あいさつする真の意図

2　あいさつの進化の過程

3　あいさつすべき相手の判別方法

4　特定の相手にあいさつをしない理由

4 筆者の述べているあいさつの働きを以下のようにまとめる場合、（　　　）に入る適当なものはどれか。

「私たち人間は、あいさつすることで（　　　）」

1　自分と相手との世界を共有しようとしている。

2　有害なものか無害なものかを瞬時に判断している。

3　害を受けても対処できるよう準備している。

4　害を与える可能性のあるものを排除しようとしている。

9分 **問題2　次の文章を読んで、後の問いに対する答えとして、最もよいものを、1・2・3・4から一つ選びなさい。**

新国立劇場俳優研修所の研修生の選考基準を一言で、といわれてもそう簡単に答えられるものではありません。実際、選考方法も数名の委員で何度も討議を重ねています。特定の作品のオーディションならば、はじめから選考する作品のそのキャラクターが決まっていますから、たとえ何千人と会おうが、ある程度見た瞬間に①選ぶことは可能でしょう。

ところが研修所では十年後を見据えなければなりません。今、せりふを上手にしゃべることができても、それがいったい何になるのでしょう。高校を卒業したばかりの初々しい十八歳から小劇場を二つくらい経験してきたような三十歳までが集まっています。

せりふを小器用にこなし、敏捷《びんしょう》に体を動かせたりすることではなく、基本的にその人間としての輝きを見ること、その輝きが消えることのない情熱によるものとしか答えようがありません。三年間の基礎訓練のなかで、その人が自分をどう見つめ、鍛えていくのか、その後、より大きくなったその人がプロの俳優としてどのような方向へ進んでいくべきなのか、それも同時に考えておくべきことなのです。

また、俳優としての基本的な技術だけを身につけても、それだけではまだ俳優ではありません。自分自身の表現のための確かな演技力と同時に、人間への観察と洞察を続け、世界への理解を深めていかなければ「俳優」にはなれないのです。

音楽家が楽器を使いこなす技術を身につけたうえで、そこから自分の音楽をつくり上げていくように、俳優にも技術力と同時に、表現力と想像力が必要になってくるのです。そこで毎回違った自分と出会うためのレッスンが持続的に必要となり、粘土細工のように一つのカタチをつくってはその歪みに気づいて崩すという作業が繰り返され、いろいろな表現の可能性の幅を広げていくことが、新しい作品と出会うたびに求められるのです。

では「努力は才能を超えるのか」という問いに対して、「素質の発見」が必要だと答えます。誰もが、必ず何かの素質を持っているはずであって、あるときはそれを自分で発見できるように導いてやることも必要でしょう。しかし、自分で自分を見つけることを教える教則本などは、ありません。自分が足を前に出さない限り、教師がいくら動いて見せても無駄であるように。

演劇がどんなに好きであっても、俳優に向いていないこともあります。（中略）また、演劇の仕事を断念し、故郷に戻る人もいるでしょう。しかし、その場合でも、その人たちが故郷に帰って、いい観客になる。もちろん演劇を教える教師を志す人が出るかもしれない。そうやって②間口が広がっていくことで、大切な演劇人が広がっていくことにもなるのです。

（栗山民也『演出家の仕事』岩波新書による）

1 ①選ぶことは可能でしょうとあるが、何を選ぶのか。

1 俳優が出演する作品

2 作品のキャラクター

3 研修生を選考する委員

4 作品に出演する人

2 筆者は、俳優研修所の研修生の選考基準は何であると述べているか。

1 自分の将来について明確なビジョンを持っていること

2 演劇に対する強い情熱が感じられること

3 年齢的に若く今後の伸びが期待できること

4 身体を使った表現力に優れていること

3 ②間口が広がっていくとあるが、どういう意味か。

1 俳優になりたいと思う人が増える

2 研修所をやめても別の職に就ける

3 さまざまな立場で演劇に関わる人が増える

4 研修所でいろいろな人を受け入れていく

4 筆者が述べていることと合っているものはどれか。

1 コミュニケーション能力が高い人は俳優として素質があると言える。

2 研修所では、表現力を養うために音楽や美術のレッスンも行う。

3 すぐれた俳優になるには、人間や社会をよく知ることだ。

4 演技力とは異なり、人間への観察力や想像力は才能によるものである。

9分 **問題3　次の文章を読んで、後の問いに対する答えとして、最もよいものを、1・2・3・4から一つ選びなさい。**

テキストを一段落ずつ生徒に声を出して読ませるということは、日本の学校の国語の授業でも度々行う。

「はい、〇〇君、良く読めましたね。では、△△さん、次の段落を読んでください」

となる。ところが、ソビエト学校の場合、一段落読み終えると、その内容を自分の言葉で掻《か》い摘《つま》んで話すことを求められるのだ。かなりスラスラ文字を読み進められるようになり、おおよその内容も理解できるようになった私も、この掻い摘んで話す、ということだけは大の苦手だった。当然、絶句してしまい先生が諦めてくれるまで立ち尽くすということになる。非ロシア人ということで大目に見てくれていたのだ。

ところが、ドラゴンは執念深かった。なかなか諦めてくれない。しかし、十二分に楽しんだはずの本の内容を話して聞かせようとするのだが、簡単な単語すら出てこないのである。俯《うつむ》いて沈黙するわたしに、ドラゴンは助け舟を出してくれた。

「主人公の名前は？」

「ナターシャ……ナターシャ・アルバートヴァ」

「歳は幾《いく》つぐらいで、職業は？」

「ハチ。ガッコウイク。ニネン。」

「ふーん、八歳で、普通学校の二年生なのね。それで」

（中略）

わたしの話を聞き取ることに全身全霊を傾けている、ドラゴンの獰猛《どうもう》に輝く青緑色の瞳に吸い込まれるようにして、わたしは何とか本のあらすじを最後まで話し、さらには作者のメッセージを曲がりなりにも(注1)言い当てることができた。それでもドラゴンは飽き足らず、二冊目の本について話すよう催促し、同じような執念深さで聞き取っていく。ようやくドラゴンから放免されて図書室から出てきたときは、疲労困憊《こんぱい》して朦朧《もうろう》とした意識の中で、金輪際《こんりんざい》(注2)①ドラゴンの尋問は御免被りたいと思ったはずなのに、まるで肉食獣に睨《にら》まれて金縛りにあった小動物のように、わたしは図書館の本を借り続けた。そして、返却するときにドラゴンに語り聞かせることを想定しながら読むようになった。活字を目で追うのと並行して、内容をできるだけ簡潔にかつ面白く伝えようと腐心(注3)しているのである。

（中略）

ある日、国語の授業で、声を出して読み終えた後、国語教師はいつものように期待せずに、②形だけの要求をした。

「では、今読んだ内容を掻い摘んで話して下さい」

わたしは自分でもビックリするほどスラスラとそれをやってのけた。いつのまにか、わたしの表現力の幅と奥行きは広がっていたのだった。国語教師もクラスメイトたちも、しばし呆《あっ》気《け》にとられて静まりかえった。

（米原万里『心臓に毛が生えている理由』角川文庫による）

（注1）曲がりなりにも：不完全だが。完璧ではないが一応。
（注2）金輪際：決して。絶対。
（注3）腐心する：ある目的のために一生懸命になること。苦心する。

1　日本の学校とソビエトの学校の違いについて、筆者が述べていることは何か。

1　ソビエトの学校では、読んだ文について自分の意見を言わなければならない。
2　日本の学校ではテキストを音読させるが、ソビエトの学校では音読させない。
3　日本の学校では、教師が学生に対して優しい態度で接する。
4　ソビエトの学校では、文章のおおよその内容を自分の言葉で説明させられる。

2　「ドラゴン」は、どんな人だと考えられるか。

1　日本の学校の国語教師
2　ソビエトの学校の国語教師
3　図書館の係の人
4　「わたし」のクラスメイト

3　①ドラゴンの尋問とあるが、「尋問」の目的として最も考えられるものはどれか。

1　「わたし」の恐怖心を和らげること
2　「わたし」の理解度を測ること
3　「わたし」に忍耐力をつけること
4　「わたし」の表現力を高めること

4　②形だけの要求をしたとあるが、なぜか。

1　「わたし」が文を要約できないと思ったから。
2　「わたし」の答えに興味がなかったから。
3　「わたし」の表現力の向上を信じていたから。
4　「わたし」が内容を理解できていると思ったから。

統合理解

8分　問題１　次のＡとＢはそれぞれ別の雑誌の書評コラムである。ＡとＢの両方を読んで、後の問いに対する答えとして、最もよいものを１・２・３・４から一つ選びなさい。

Ａ

昨年ベストセラーとなった『解読！　世界のニュース』が、内容を新たに2012年版として発売された。今年世界を賑《にぎ》わせた36の時事トピックが、いくつかの記事にわかりやすい解説を添えて取り上げられている。各国の新聞記事をベースとするスタイルは2011年版と同様だが、図表やコラムが大幅に加わった。記事の和訳に加え、新版では各ニュースのキーワードに英訳が付されており、英語学習やビジネスにも役立つ本となりそうだ。

専門家が持論を展開する類の時事本とは異なり、本書では「解読」は読者が行うものというコンセプトが貫かれている。コラムも各著者による現地取材や体験談に紙幅が割かれ、いわゆる論説にあたる部分は短い。よりフラットな視点で世界に触れられる、おすすめの一冊だ。全225ページ。

Ｂ

衛星放送で世界のニュースダイジェストを見るのが朝の日課になっている。新聞が読めればなおいいのだが、外国語となるとそうは簡単にいかない。そんな私にとって、本書『解読！　世界のニュース　2012年版』は強い味方といえる。政治・社会・文化・スポーツ・科学に関する世界の主要新聞社の記事を、なんと全訳付きで読むことができる。一面記事をはじめ、インターネットで検索数の高かった36のニュースをセレクトし、それぞれを２～３点の記事、解説、コラムの３部で構成している。2012年版はフルカラーの図版もさることながら、幅広い著者陣によるコラムの充実が嬉しい。ただ、解説、コラムとも記事の背景説明を主としているため、問題の論点を手っ取り早く知りたい人には少々物足りないかもしれない。

1　AとBのどちらにも共通して書かれている点はどれか。

1　2012年版は、重要な語に英語訳が付いている。
2　2012年版は、昨年のものよりコラムが増えた。
3　2012年版の一部のページは、カラー印刷である。
4　2012年版の記事は、政治や文化など５つの分野にわたる。

2　この本のコラムの特徴について、Aの筆者とBの筆者はどのような立場をとっているか。

1　AもBも、ともに否定的である。
2　AもBも、ともに立場を明確にしていない。
3　Aは肯定的だが、Bは全面的に肯定しているわけではない。
4　Aは立場を明確にしていないが、Bは肯定的である。

3　AとBから考えられるこの本の特徴はどれか。

1　１つのテーマにつき、複数の新聞記事が引用されている。
2　大きな出来事に関する記事だけでなく、マイナーなニュースも取り上げている。
3　キーワードは、使いやすいように付録の別冊に載せている。
4　コラムには、読者からの意見文も掲載されている。

8分 **問題２　次のＡとＢの意見を読んで、後の問いに対する答えとして最もよいものを、１・２・３・４から一つ選びなさい。**

Ａ

　「安楽死」というものは、さらに「積極的安楽死」と「消極的安楽死」の二つに分けられるらしい。前者は医者が筋弛《し》緩《かん》剤(※１)などを投入することによって、患者を耐《た》え難《がた》い苦しみから救い死に導くもので、後者は人工呼吸器を外すなど、延命措置を中止することで患者を死に導くものだ。前者を「安楽死」、後者を「尊厳死」と呼ぶ場合も多く、私も「安楽死」を前者の意味で捉えている。

　どちらも他者が患者を死に導く意味では共通しているが、後者の患者は人工的に生かされていた状況から解き放たれ、自然な死を迎えるのに対し、前者の患者は残された寿命を全《まっと》うせず、人工的な死を迎えることになる。

　人間が生まれ、そして死んでいくのは自然の営《いとな》みの一部である。その流れを人間の手で変えてもいいのだろうか。

(※１) 筋弛緩剤：筋肉の緊張をやわらげる薬

Ｂ

　私がもし「安楽死」を選択肢の一つとして考えなければならなくなったとしたら、果たして自分の意思で冷静に残りの人生の生き方を選択できるのだろうか。それだけの体力と精神力が残っているのだろうか。

　「安楽死」という字面を見ると、「安らかに楽に死ねる」ように思うが、それは「安楽死」を経験した者、つまり、死した者にしかわからない。実際は患者の介護に疲れた家族や、医療費を支払えない患者を入院させている病院が「安楽」になれる「死」なのかもしれないと、時折疑問を抱く。

　私だって、死ぬのは怖い。死を迎える時、どんな痛みや苦しみに襲われるのか想像もつかない。しかし、その死が自身の命の火が尽きる前に人為的にもたらされるものだと知った時、私は死の直前の苦しみの中で一体何を思うのだろうか。

1　「積極的安楽死」と「消極的安楽死」について、Aの筆者はどのように考えているか。

1　「積極的安楽死」は無理に生かされた状態から患者を解放する。
2　「消極的安楽死」は自然の流れに逆らっていない。
3　「積極的安楽死」も「消極的安楽死」も寿命を全《まっと》うできない。
4　「積極的安楽死」も「消極的安楽死」も苦痛を感じずに死ねる。

2　「安楽死」について、Aの筆者とBの筆者はどのような立場をとっているか。

1　AもBも批判的に捉えている。
2　Aは批判的に捉えているが、Bは賛否を明確にしていない。
3　Aは賛否を明確にしていないが、Bは批判的に捉えている。
4　AもBも賛否を明確にしていない。

3　AとBの二つの文章を以下のようにまとめる場合、①と②にはどれが入るか。
「Aの筆者は（　①　）と考えており、Bの筆者は（　②　）と考えている」

1　①第三者の手によって患者の延命を止めるべきではない
　　②苦痛を感じず安らかに死を迎えるには、安楽死も必要だ
2　①人間が生まれて死んでいくのは自然なことである
　　②苦痛に耐えるだけの人生なら、意図的に死なされたほうがいい
3　①患者は二つの安楽死のうちどちらを選ぶか、よく考えるべきだ
　　②安楽死が本当に患者本人の選択によって行われるのか、疑わしい
4　①人間は自然の一部なのだから、その流れを変えてはならない
　　②安楽死は、本人以外の者のために行われているのではないか

8分　**問題3**　次のAとBは、それぞれ別の筆者による「家電」についてのエッセイである。AとBの両方を読んで、後の問いに対する答えとして最もよいものを、１・２・３・４から一つ選びなさい。

A

私たちの日常生活にとって、極めて身近な存在であり、完全に家庭の風景に溶け込んでしまっているものがある。

それは「家電」である。テレビや雑誌などでは、日々、人気の家電や最新の家電が紹介され、人々の関心の高さ、また、それが尽きぬことを改めて感じさせられる。

かつて、カラーテレビ、冷蔵庫、全自動洗濯機といった家電が日本の一般家庭の憧れの的だった時代があった。「家電」というのは、いわば家族の幸せを約束する象徴であり、父親はそれを家庭に持ち帰るべく、その〝幸せ〟を買うために毎日汗水を流し働いた。

よりよい暮らしを得るために私たちは働く。そのよりよい暮らしに必要不可欠なのが、家電なのである。確かに、家電やロボットのような人工物にいつの日か人間の側が支配されるのではないか、というSF的な不安に駆られなくもないが、まだまだ現実的な問題ではないだろう。

だからといって、安心しきってもいけない。大事なのは、それらを道具として正しく理解し、使い方を誤らないこと、きちんと管理することだ。私たちがちゃんと心得てさえいれば、技術の進化は人間の進化と歩みをともにし、人間はより利口な存在へと近づけるのだと思う。

B

あなたは大切な人の携帯電話の番号を覚えているだろうか。

携帯電話がまだなかった頃は、よく電話をかける相手の番号ぐらいは暗記していたものだったが、携帯電話に慣れた今となっては、家族の番号すら、すぐに思い出せなくなっている。同じように、パソコンやワープロでは問題なく〝書けた〟漢字が、いざ〝手で書く〟となったら書けない、ということは誰しも経験していることだろう。

家電メーカーの日々の努力のおかげで、利便性という点では人間は素晴らしい進化を遂げてきた。「時短」という言葉が表しているように、われわれのあらゆる作業時間は短縮されるようになった。時間だけでなく、作業の質も格段に向上している。しかし、我々人間自身はどうだろうか。本当に進化してきたといえるのだろうか。

無論、筆者自身も電化製品を全く使わない生活になど、もはや戻れないだろうし、技術の進化はもちろん享受すべき人間の財産である。問題はその付き合い方なのである。前述の例にも見られるように、現代人は、ともすれば思考力の低下を招きかねない環境に置かれているように思える。そう考えると、人間の将来に一抹の不安を感じざるを得ないのである。

1　ＡとＢのどちらの筆者の考えにも共通している点は何か。

1　進化を続ける家電の力に頼りすぎると、人間は近い将来、破滅を迎えるだろう。
2　どんなに家電が進化を続けようと、人間が人工物に支配されるはずがない。
3　使い方さえ誤らなければ、家電の進化は人間の努力の大きな成果だといえる。
4　家電に対する盲目的な信仰は、人間の思考力のなさの表れである。

2　Ｂが家電に対して評価している点はどれか。適当ではないものを選びなさい。

1　生活に時間的な余裕を生んだという点
2　企業努力によって進化を続けている点
3　生活に必要な作業の技術を向上させた点
4　生活だけでなく、人間のレベルも向上させた点

3　ＡとＢの意見を以下のようにまとめる場合、①と②に入るものの適当な組み合わせはどれか。

Ａの筆者は家電について（　①　）と考えているが、Ｂの筆者は（　②　）と考えている。

1　①人間の思考力を高めるためにどんどん使ったほうがいい
　②人間の思考力が低下するので、なるべく使わないほうがいい
2　①人間の技術、思考力、生活すべてを向上させる可能性がある
　②苦しい生活を便利にしたが、人間の思考力を低下させかねない
3　①生活の質を高めるのに必要不可欠な存在だ
　②長い目でみると、生活の利便性を下げる存在だ
4　①生活には役立つが、人間を退化させる可能性がある
　②不可能だったことを可能にし、生活をますます向上させている

9分 問題１　次の文章を読んで、後の問いに対する答えとして、最もよいものを、１・２・３・４から一つ選びなさい。

私の専門が哲学ということもあって、幸福について論じてくれといった原稿依頼もたまにあります。しかし、私は「幸福論」というものが嫌いです。そもそも「幸福になりたい」という気持がどうも好きになれない。

したがって、「幸福論」といったたぐい(※1)の本はほとんど読んだことがありません。でも、改めて考えてみますと、日本人と欧米人とでは「幸福」について考えている内容や意味が少しちがうように思うのです。

欧米人にとっては、もともとキリスト教が背景にありますから、「幸福」とは、「至福《しふく》」「浄福《じょうふく》」という意味で、神様が「嘉《よみ》する（善《よ》しと認める）状態」のことを言うわけです。そういう状態になりたいと願うのが、彼ら欧米人の「幸福」であり、「幸福論」だと思います。これは分からないでもありません。

ところが近代以降の日本人は、もともと宗教的背景が希薄《きはく》(※2)ですから、神の善しとした状態などというものが判断の基準にはなりえません。ですから、日本人が幸福になるというのは、「他人よりもよい状態になりたい」ということになってしまうのですね。勝ち負けでいうと「勝ち組になろう」という意識です。「勝ち組」になれれば、世間的に幸福だろうと考えるのです。

「幸福」という言葉は「happiness」の翻訳語でしょう。日本では、「仕合わせ（幸せ）」という言葉はありましたが、それは「巡り合わせ(※3)」とか「天運(※4)」といった意味です。ですから、「あまり悪い目に遭わずにすむような、よい巡り合わせ」を願うという気持はあったのでしょう。

また、「どうぞご無事で」という挨拶があるように、「あまり悪い事がないように」と願う気持はあったと思うのです。これなら分かります。

しかし、「他人よりもよい状態になろう」といったことを、あからさまに(※5)口に出したり思ったりはしないのが、①昔からの日本人の嗜《たしな》み(※6)だったはずです。

ところが、今の日本人はみんな「仕合わせ」ではなく「幸福」になりたいと思っている。それは「他人よりもいい生活をしたい、いい思いをしたい」ということですよね。今の日本人にとっての「幸福」とは、そういうことだと思います。（中略）

②「貧しいけれども幸福だ」などと言うのも、他の家庭と比べて、わが家は貧乏だけど家族が仲良く暮らしているだけましという自負《じふ》(※7)であって、やはり他人と比べて、ちょっといい状態だということです。

ですから、私には、日本人が「幸福」と言うとき、「他人と比べて」という意味が含まれているような気がしてならないのです。　（木田元『哲学は人生の役に立つのか』PHP研究所による）

（※1）たぐい：同じ種類のもの　（※2）希薄：乏しい、弱い
（※3）巡り合わせ：自然に巡ってくる運命、偶然にそうなること
（※4）天運：天から与えられた運命
（※5）あからさまに：そのまま包み隠さずに、明らかに
（※6）嗜み：普段の心がけ、控えめな態度　（※7）自負：ある事柄に自信と誇りを持つこと

1　欧米人の「幸福論」と日本人の「幸福論」の説明として、本文の内容に合っているものはどれか。

1　欧米人の「幸福論」の背景にはキリスト教の教えがあり、日本人の「幸福論」の背景には仏教の教えがある。
2　欧米人にとっての「幸福」は、神様が善いとするかどうかが基準になるが、多くの日本人にとって、それは基準にはならない。
3　世間がどう見るかで幸福かどうかを考えるのは、欧米人的な「幸福論」である。
4　控えめを好む日本人は、普通の人と同じ程度であれば幸福だ、という考え方である。

2　①昔からの日本人の嗜《たしな》みと異なるものはどれか。

1　勝ち組になりたいと願うこと
2　良い運命が巡ってくるように願うこと
3　良い事も悪い事も運命だと考えること
4　自分や周りの無事を祈ること

3　筆者の言う、②「貧しいけれども幸福だ」と感じられる状態は、次のうちどれか。

1　今は貧乏だが、将来は必ずここから抜け出せると確信できる状態
2　わが家は貧乏だが、それは神様から与えられた運命だと信じている状態
3　今も貧乏だが、以前よりは良くなったと実感している状態
4　うちは貧乏だが、家族円満で、よそよりもいい家庭だと思っている状態

4　筆者が「幸福論」を好きになれない理由の一つに考えられるものはどれか。

1　「幸福」の意味は、欧米人と日本人、昔と現在で異なり、あいまいだから。
2　日本人が「幸福になりたい」と思うときには、他人との比較が存在するから。
3　幸福かどうかは神様が決めることであり、人間が決めることではないから。
4　昔から言われているように、幸福を願えば願うほど人間は不幸になるから。

9分 **問題2　次の文章を読んで、後の問いに対する答えとして、最もよいものを、1・2・3・4から一つ選びなさい。**

「買う」という行為ひとつ取って考えてみても、現実の「買う」という行為は、旧来《きゅうらい》(注1)の経済学の入門書などにみられる説明からはみ出している。“「需要」と「供給」の心要性に基づいた関係の充足《じゅうそく》(注2)” 云々といった平板《へいばん》な説明などでは到底、納りきらない。

たとえば、旅先で雨が降り出して傘が必要になったとする。ちょうど新しく傘が欲しいと思っていた矢先《やさき》(注3)だとしても、気に入った色、柄、デザインの傘が見つからなかったりすれば、

「まあ、いいや。東京に戻ってから買おう」

と、ビニールの使い棄て(注4)のようなもので間に合わせてしまったり、場合によっては、①<u>買わないですませて</u>しまったりする。今日では、モノ、商品の実用的機能よりも、色、柄、デザインなどの情緒的、情報的機能の方が、場合によってはずっと意味をもつ時代になってきている。

モノ、商品との出会いによって、買い手がもっている趣味やイメージが触発《しょくはつ》(注5)され、何としても手に入れたいものだと欲求《よっきゅう》を刺激される。いったん、そうなると、多少無理してでも、それを手に入れようと情熱的になる。(中略)

「需要」と「供給」という必要性に基づいた関係のバランスなんていう平板なものではない。そもそも、モノと私たちとの関係は、②<u>ニワトリの頭数《あたまかず》とエサの量</u>といったような単純なものではない。もしも、ニワトリの頭数とエサの量の関係のようなものなら、「需要」と「供給」のバランスといった説明の仕方ですませることができようが、ニワトリがエサを必要とするのと、私たちがレストランで食事をしたり、デパートでセーターを買ったりするのとでは根本的に異る。「需要」とか「供給」とか「必要性」とかは、言ってみるならば経済活動、消費行動に（　A　）な性格を与えるためにつくり出された概念なのであって、それ以上のものではない。

生きて行くために栄養分を取らねばならないというのなら、錠剤《じょうざい》(注6)に水でもよいし、それこそニワトリとエサのような単純な関係に還元可能で、「需要」も「必要性」も、あるいは「供給」の状態もすべてハッキリと見えてくるだろう。だが、人間は、そんな単純な存在ではない。人間の社会においても、かつてのように低次《ていじ》欲求も満足させていない時代には、「あそこの町の人口は何人で、したがって米を何俵《なんぴょう》仕入れたらよいか」といったように、「需要」がみえたろう。しかし、今日はそんな時代ではない。(中略)

「買う」という行為は、経済的な行為ではあるが、実は、それ以上のものであり、もっと人間実存《じつぞん》(注7)のトータルな観点から捉《とら》え直し、再構成されねばならない。

(赤塚行雄『祝祭経済の時代』河出パンダブックスによる)

（注1）旧来：従来、昔から　（注2）充足：十分に満たすこと、満ち足りること
（注3）矢先：ちょうどその時
（注4）使い棄て：一～数回の使用で捨ててしまうこと、そのように作られたもの
（注5）触発：何らかの刺激を与えて行動の意欲を起こさせること
（注6）錠剤：平たい、また、丸い形になった薬
（注7）人間実存：人間の主体的なあり方

1　①買わないですませてしまうのはなぜか。

1　欲しいと思った傘の値段が高いから。
2　実用的機能の面で満足できないから。
3　趣味やイメージを刺激される傘がないから。
4　家に傘が何本もあり、買う必要がないから。

2　②ニワトリの頭数とエサの量との関係について、本文の説明と合うのはどれか。

1　ニワトリの数が減ると、一羽が食べられるエサの量が増える。
2　ニワトリの数がわかれば、全体で必要なエサの量が計算できる。
3　ニワトリの数に関係なく、供給可能なエサの量は常に一定である。
4　「需要」と「供給」の関係には単純に置き換えられない。

3　（　A　）に当てはまる言葉は次のうちどれか。

1　情緒的
2　実用的
3　合理的
4　実践的

4　「買う」という行為に関する筆者の主張と合わないものはどれか。

1　人がモノを買うのは、それが生きていくために必要だからというだけではない。
2　人にはそれぞれ趣味やイメージがあり、それに見合ったものを買っている。
3　「買う」という行為は、市場の原理だけでは説明しきれないものだ。
4　人が何を買うかは予測不能で、実際の商売には経済学の知識は必要ない。

9分 **問題3　次の文章を読んで、後の問いに対する答えとして、最もよいものを、1・2・3・4から一つ選びなさい。**

ある人は、コンクリートも自然素材であるという。主要な材料は砂、砂利(※1)、鉄、セメントであり、セメントも石灰石(※2)が主原料であるから、それらの自然素材を組み合わせて作ったコンクリートも自然素材だというロジックである。(中略)

自然素材か否かの境界は極めて曖昧である。そこに線を引く行為に安住してはいけない。線引きからは何も生まれない。線引きは何も正当化しない。われわれは、①線引きの先に行かなくてはいけない。自然な建築とは、自然素材で作られた建築のことではない。当然のこと、コンクリートの上に、自然素材を貼り付けただけの建築のことではない。

あるものが、それが存在する場所と幸福な関係を結んでいる時に、われわれは、そのものを自然であると感じる。自然とは関係性である。自然な建築とは、場所と幸福な関係を結んだ建築のことである。場所と建築との幸福な結婚が、自然な建築を生む。

では幸福な関係とは何か。場所の景観となじむことが、幸福な関係であると定義する人もいる。しかし、この定義は、建築を表象として捉える建築観に、依然としてとらわれている。場所を表象として捉える時、場所は、景観という名で呼ばれる。表象としての建築と、景観という表象を調和させようという考えは、一言でいえば他人事として建築や景観を評論するだけの、②傍観者(※3)の議論である。表象として建築を捉えようとした時、われわれは場所から離れ、視覚と言語とにとらわれ、場所という具体的でリアルな存在から浮遊していく。コンクリートの上に、仕上げを貼り付けるという方法で表象を操作し、「景観に調和した建築」をいくらでも作ることができる。表象の操作の不毛に気がついた時、僕は景観論自体が不十分であることを知った。

場所に根を生やし、場所と接続されるためには、建築を表象としてではなく、存在として、捉え直さなければならない。単純化していえば、あらゆる物は作られ(生産)、そして受容(消費)される。[A]とはある物がどう見えるかであり、その意味で受容のされ方であり、受容と消費とは人間にとって同質の活動である。一方、存在とは、生産という行為の結果であり、存在と生産とは不可分で一体である。どう見えるかではなく、どう作るかを考えた時、はじめて幸福とは何かがわかってくる。幸福な夫婦とは、見かけ([B])がお似合いな夫婦ではなく、何かを共に作り出せる(生産)夫婦のことである。

(隈研吾『自然な建築』岩波新書による)

(※1) 砂利：小石や、小石に砂が混ざったもの
(※2) 石灰石：鉱物の一種
(※3) 傍観者：今起こっている問題をそばで見ているだけの人

1 ①線引きの先に行かなくてはいけないとあるが、どういう意味か。

1　自然素材と人工素材の違いについて、より深く考察しなければならない。
2　素材について議論するのではなく、自然な建築とは何かを追究する必要がある。
3　人工素材と自然素材を組み合わせる工法を積極的に採用するべきである。
4　コンクリートやセメントなどを新しいタイプの自然素材と捉えるべきである。

2 ②傍観者の議論とあるが、傍観者の例として合わないものはどれか。

1　建物を組み立てる建築作業員
2　建物を含めた景観を楽しむ旅行者
3　建物の広告ポスターを制作する写真家
4　建物の価値を算出する不動産屋

3 　A　　B　の組み合わせとして適当なものはどれか。

1　A存在　　B存在
2　A存在　　B表象
3　A表象　　B表象
4　A表象　　B存在

4 筆者の考えによると、「自然な建築」とはどのようなものか。

1　木や石や葉など、人工物でない自然素材を使用して作られた建築。
2　都市であれ田舎であれ、周囲の風景に合うようにデザインされた建築。
3　建築素材に関わらず、住人や使用者が幸福感を感じられる建築。
4　その場所やその土地に合った素材・工法を考えて作られた建築。

8分 **問題1　次は、スポーツジムの入会案内である。下の問いに対する答えとして最もよいものを、1・2・3・4から一つ選びなさい。**

1　東京在住の会社員の田中さんは、毎日、仕事に行く前と仕事の後の21時ごろにジムに行くつもりだ。ただ、地方への出張が多いので、東京だけでなく、出張先でもジムを利用したい。また、仕事帰りに寄ることが多くなりそうなので、なるべく手ぶらで行きたいと思っている。
田中さんの条件に一番合っている会員区分で入会するとしたら、入会時にいくら必要か。

1　43000円
2　35000円
3　30000円
4　26000円

2　高橋さん一家（父、母、高校生の息子）は一緒にジムに入会する予定だ。3人とも平日の昼間だけの利用を希望している。一番安いプランだと、月会費は合計いくらになるか。

1　22500円
2　24500円
3　27500円
4　30000円

満足度NO.1のフィットネスクラブ、ABCジム！

ABCジム ノース東京店
《入会のご案内》

料金システム（金額は月会費）				
会員区分	ご利用内容	レギュラー	エリアマスター	マスター
ゴールド会員	全時間ご利用いただけます。 ※タオル・シューズ・ウェア無料貸出いたします。	¥15,000	¥17,000	¥19,000
シルバー会員	全時間ご利用いただけます。	¥10,500	¥11,500	¥12,500
ウィークデイ会員	平日（土日・祝日以外）の全時間ご利用いただけます。	¥9,500		
デイタイム会員	全営業日オープン～18時まで（土日祝利用不可）	¥8,500	¥9,500	¥11,000
ハイスクール会員	全営業日オープン～23時まで（高校生対象）	¥7,500		
ウィークエンド会員	土日・祝祭日の全開館時間ご利用いただけます。	¥5,500		
2WEEKパス	初めてABCジムをご利用になる方のみ対象。 指定の2週間の間、全時間ご利用いただけます。	¥5,500		
ビジター	※ご住所を確認できる身分証明書が必要です。	¥2,500 （入会登録なし）		

●マスター会員は、全国15店舗すべてのABCジムをご利用いただけます。
●エリアマスター会員は、ノース東京店とイースト東京店をご利用いただけます。
●レギュラー会員・エリアマスター会員は、1回1,000円で他店もご利用いただけます。
●ビジターコース以外の各コースのご利用については、入会手続きが必要となります。

●入会時にお持ちいただくもの
・入会登録料　5,000円
・月会費2か月分
・口座の通帳またはキャッシュカード
・口座の届け印
・身分証明書

火曜日～土曜日	6：00～23：00
日曜日・祝祭日	9：00～20：00
月曜日	メンテナンスのため、終日閉館とさせていただきます。

8分 問題2　次は、山手中央総合病院の外来診療の案内である。下の問いに対する答えとして最もよいものを、1・2・3・4から一つ選びなさい。

1　鈴木さんは耳鼻科に通院している。次回の予約は2011年12月５日のはずだったが、具合が悪くなったので、急遽《きゅうきょ》本日12月１日に受診することにした。受付をするためには、何時までにどこに行かなければならないか。

1　午前11時30分までに、１階の総合窓口に
2　午前11時30分までに、１階の再診受付機のところに
3　午後０時30分までに、１階の診療窓口に
4　午後０時30分までに、２階の診療窓口に

2　木村さんは、前回、2011年８月１日に初めて内科を受診した。今回、予約通り、2011年８月21日に再診を受ける場合、家から持参しなければならないものは何か。

1　「診察券」と「保険証」
2　「診察券」と「次回の予約票」
3　「保険証」と「次回の予約票」
4　「外来受付票」と「診察券」

山手中央総合病院

◆外来のご案内

診療科	内科、外科、眼科、耳鼻科、小児科、産婦人科、皮膚科
受付時間	午前８時30分～午前11時30分
診察時間	午前９時～午後０時30分
休診日	土曜日・日曜日・祝日・年末年始（12月29日～１月３日）
予約制について	当院は再診予約制です。診察時に次回の予約をお取りください。
診察券について	診察券は全科共通で使用します。来院時には必ずご持参ください。
保険証について	初診時にお持ちください。また、毎月保険証の確認を行っておりますので、月に一度、保険証をご提示ください。

◆外来受診の流れ

当院の外来受診の流れは下記の通りです。矢印にしたがってお進みください。
ご不明な点がありましたら、「１階　総合窓口」までご遠慮なくお尋ねください。

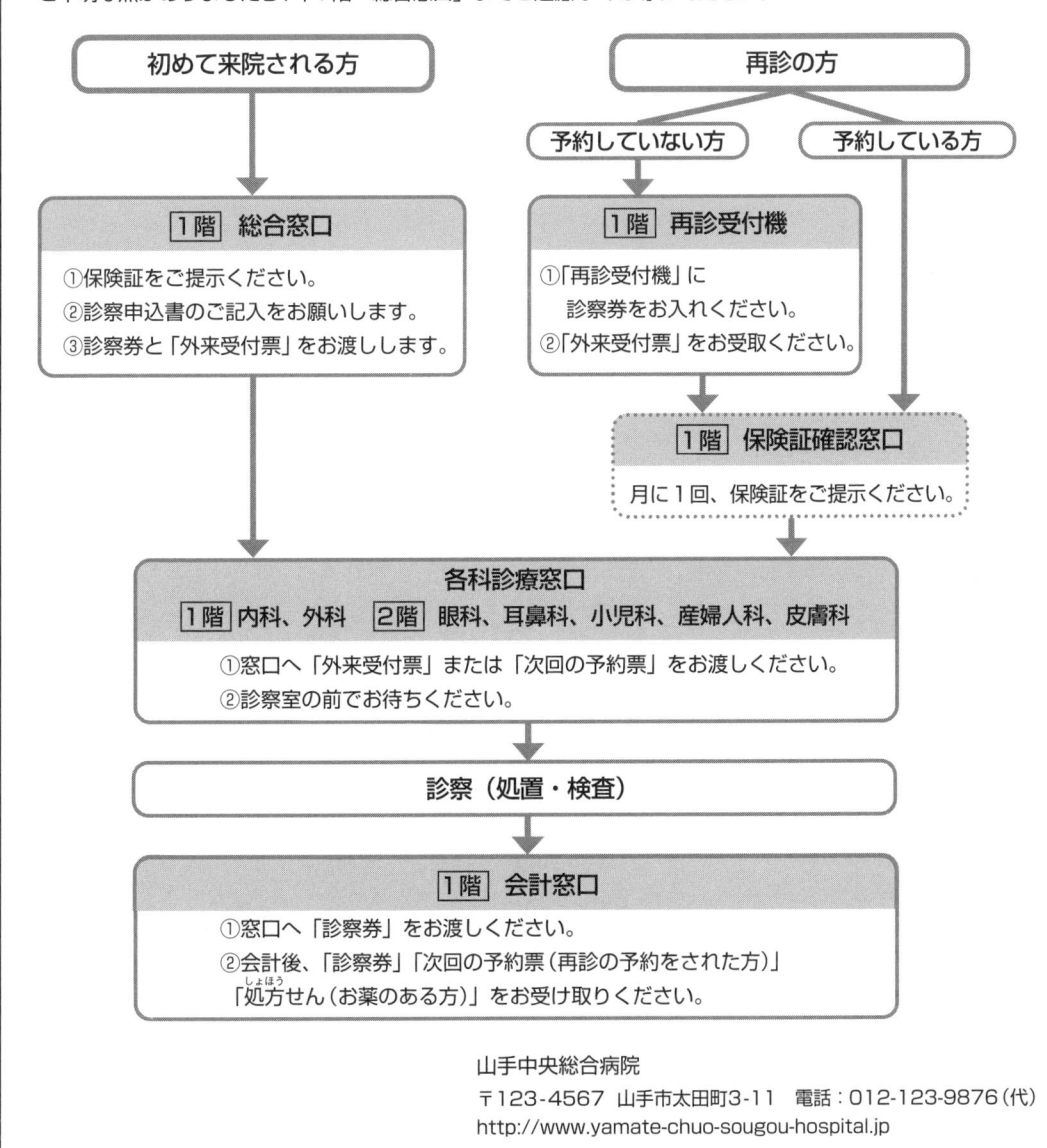

初めて来院される方

↓

１階　総合窓口

①保険証をご提示ください。
②診察申込書のご記入をお願いします。
③診察券と「外来受付票」をお渡しします。

↓（各科診療窓口へ）

再診の方

予約していない方

↓

１階　再診受付機

①「再診受付機」に
　診察券をお入れください。
②「外来受付票」をお受取ください。

↓

予約している方

↓

１階　保険証確認窓口

月に１回、保険証をご提示ください。

↓

各科診療窓口
１階　内科、外科　２階　眼科、耳鼻科、小児科、産婦人科、皮膚科

①窓口へ「外来受付票」または「次回の予約票」をお渡しください。
②診察室の前でお待ちください。

↓

診察（処置・検査）

↓

１階　会計窓口

①窓口へ「診察券」をお渡しください。
②会計後、「診察券」「次回の予約票（再診の予約をされた方）」
「処方《しょほう》せん（お薬のある方）」をお受け取りください。

山手中央総合病院
〒123-4567 山手市太田町3-11　電話：012-123-9876（代）
http://www.yamate-chuo-sougou-hospital.jp

8分 **問題3　次は、天山市水道局のホームページの一部である。下の問いに対する答えとして最もよいものを、1・2・3・4から一つ選びなさい。**

1　朝、台所の水道を使ったあと蛇口を閉めたが、蛇口から水がポタポタと落ちてきた。ホームページによると、このような場合どうすればよいか。

1　コールセンターに連絡し、修理を依頼する。
2　水道メーター内の「パイロット」を回す。
3　水道メーター横の「止水栓」を閉める。
4　蛇口の部品を外して、新しいものに替える。

2　竹田さんの家では、水道料は毎月自動的に銀行から引き落とされるようになっている。何日に引き落とされるか知りたい場合、ホームページによるとどうすればよいか。

1　銀行に問い合わせる。
2　請求書（納入通知書）を見る。
3　コールセンターに電話する。
4　近くの営業所に問い合わせる。

天山市水道局　よくあるご質問Q&A

Q　水道料がいつもより高いです。漏水していると思うのですが、どうしたら確かめられますか。

A　家中の蛇口をすべて閉め、設置されている水道メーターを確認してください。蛇口を全部閉めた状態で、パイロット（※）が回転していれば、ご家庭内のどこかの水道管から水が漏れていると考えられます。漏水個所が見つからない場合は、水道局コールセンターにご連絡ください。

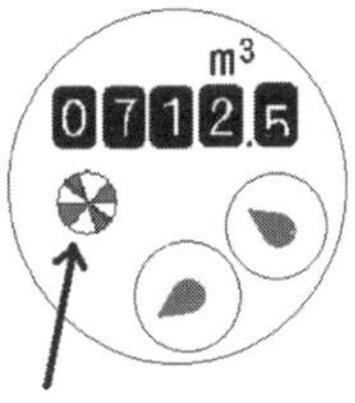

パイロット

※…赤色または銀色の小さいボタンのようなもの。水を使用すると回転します。

Q　自分の家だけが水が出ない／水の出が悪いようです。

A　家を長期間空けていた場合、水が出ないことがあります（→**長期間不在にしていたら水が出なくなった**）。また、水道料金の支払いがされないために、水の供給が止まることもあります（支払いがされれば、すみやかに元の状態に戻ります）。いずれでもない場合は、水道メーター横の止水栓が閉まっていないかご確認ください。

Q　蛇口を閉めても水が止まりません。どうしたらいいでしょうか。

A　蛇口の水漏れは、ほとんどが蛇口の部品を取り替えるだけで簡単に直せます（→**自分で蛇口を修理する**）。コマやパッキンを換えても水が止まらなければ、水道局指定の事業者にご連絡のうえ、蛇口本体の修理・交換を依頼してください。

Q　水道料の請求書（納入通知書）の期限が過ぎてしまいました。

A　納期が過ぎてもお支払いいただけます。お近くの営業所にお越しいただくか、金融機関またはコンビニエンスストアでお支払いください。

Q　口座の振替日は何日ですか。

A　口座振替日は、第１区が検針月の10日、第２区が検針月の25日、第３区が検針月の翌月の５日となります。口座振替日が土・日・祝日の場合、翌金融機関営業日の引き落としとなります。お住まいの地区が第何区かについては、水道局コールセンターにお問い合わせください。

N1 読解《どっかい》 実戦練習《じっせんれんしゅう》 解答用紙《かいとうようし》

内容理解（短文）				
問題1	①	②	③	④
問題2	①	②	③	④
問題3	①	②	③	④
問題4	①	②	③	④
問題5	①	②	③	④
問題6	①	②	③	④
問題7	①	②	③	④
問題8	①	②	③	④
問題9	①	②	③	④
問題10	①	②	③	④

内容理解（中文）				
問題1				
1	①	②	③	④
2	①	②	③	④
3	①	②	③	④

問題2				
1	①	②	③	④
2	①	②	③	④
3	①	②	③	④
問題3				
1	①	②	③	④
2	①	②	③	④
3	①	②	③	④
問題4				
1	①	②	③	④
2	①	②	③	④
3	①	②	③	④
問題5				
1	①	②	③	④
2	①	②	③	④
3	①	②	③	④
問題6				
1	①	②	③	④
2	①	②	③	④
3	①	②	③	④

内容理解（長文）				
問題1				
1	①	②	③	④
2	①	②	③	④
3	①	②	③	④
4	①	②	③	④
問題2				
1	①	②	③	④
2	①	②	③	④
3	①	②	③	④
4	①	②	③	④
問題3				
1	①	②	③	④
2	①	②	③	④
3	①	②	③	④
4	①	②	③	④

総合理解				
問題1				
1	①	②	③	④
2	①	②	③	④
3	①	②	③	④
問題2				
1	①	②	③	④
2	①	②	③	④
3	①	②	③	④
問題3				
1	①	②	③	④
2	①	②	③	④
3	①	②	③	④

主張理解（長文）				
問題1				
1	①	②	③	④
2	①	②	③	④
3	①	②	③	④
4	①	②	③	④
問題2				
1	①	②	③	④
2	①	②	③	④
3	①	②	③	④
4	①	②	③	④
問題3				
1	①	②	③	④
2	①	②	③	④
3	①	②	③	④
4	①	②	③	④

情報検索				
問題1				
1	①	②	③	④
2	①	②	③	④
問題2				
1	①	②	③	④
2	①	②	③	④
問題3				
1	①	②	③	④
2	①	②	③	④

PART 2

模《も》擬《ぎ》試《し》験《けん》

Mock examinations

模拟考试

모의고사

問題１　次の（１）から（４）の文章を読んで、後の問いに対する答えとして、最もよいものを、１・２・３・４から一つ選びなさい。

（１）

「見通しのないやつは、成功しないよ」
「そうだよな。五年後、十年後のことを考えながら人生設計をしないとね」
　電車で前に立っていた二人組の会話が耳に入ってきた。てっきり三十代半ばぐらいの人かと思いきや、リクルートスーツを着た若者であった。厳しい時代とはいえ、これが若者たちの会話だろうか。これから社会に出る新人に戦略なんていらない。そんなものを抱えても、持てあますだけだ。いるとすれば具体的な戦術だが、いちばんは目の前の課題に真《しん》摯《し》に（※１）取り組む姿勢だろう。自分のことも世の中のことも知らないのが若者だが、いろいろな可能性に満ちあふれているのも若者だ。その特権をあっさり放棄して先のことを決めてしまうなど、もったいないではないか。

（※１）真摯《しんし》に：まじめに、熱心に

１　筆者が「若者には必要がないこと」と考えているものはどれか。

1　今抱えている問題の解決に全力を注ぐこと
2　時代の先を読んで将来の計画を立てること
3　自分について深く知ろうとすること
4　大きな成功を夢見たり野心を抱いたりすること

（2）

他者との間で考えを通じ合わせるために、視線やアイコンタクトというものが活用できます。実は、これは赤ちゃんでも行っていることなのです。生後9カ月ごろの赤ちゃんは、何かおもしろいモノを見つけると、母親にパッと目を向けます。母親がそれに気づいたら、モノに視線を戻すことによって、母親の視線を誘導します。母親は「ああ、風船だね。まあるいね」などと話しかけることでしょう。他者と一緒に同じものを見るという行為を通して、物の見え方や意味づけを共有しているのです。

2 文中で、生後9カ月の赤ちゃんはどのようなコミュニケーションをすると述べられているか。

1　おもしろいものをじっと見つめ、母親がそれに気づくのを待つ。
2　母親の視線を追い、自分も同じものを見ようとする。
3　視線を母親からものへ移し、おもしろいものを見つけたと伝える。
4　母親の言葉を聞くことで、ものの名前や形について情報を得る。

（3）

最近、紙媒体の情報が電子化されるという動きが広がっている。手紙や本、申込書やカルテ、航空券やコンサートのチケットなど、さまざまなものが電子化され、コンピューターの画面あるいは画像データに取って代わられた。

紙の使用を抑えることで、少しでも天然資源を守り、エコ社会の実現に寄与することができる。しかし、紙を減らそうとすればするほど、（　A　）。というのも、自然の中に生きている我々にとって、自然由来の紙媒体のほうが電子媒体よりも心地よいからだ。

3　（　A　）に入る言葉として適当なものを選びなさい。

1　それ以外の天然資源が失われていく
2　紙の需要は減っていくことが予想される
3　紙を無駄遣いする人が増えてしまう
4　人々の紙への愛着は増すに違いない

（4）

株式会社ABC
山本　一夫　様

拝啓
　早春の候、貴社ますますご盛栄のこととお喜び申し上げます。日頃は格別のお引き立てをいただき、厚く御礼申し上げます。
　さて、この度の私の入院に際しまして、ご心配をおかけし、誠に申し訳ございませんでした。また、お見舞いのお心遣いまでいただき、大変有難く、恐縮いたしております。
　幸いにして、大事には至らず数日の入院で済み、現在は自宅にて療養いたしております。近々、職場復帰いたしますので、今後ともなにとぞ宜しくお願い申し上げます。
　簡単ではありますが、お礼とご報告を申し上げます。
　皆様におかれましてもくれぐれもご自愛ください。

敬具

2015年３月20日

株式会社サンライズ
富田　武

4　この手紙の中に書かれていない内容はどれか。

1　入院中に心配をかけたお詫び
2　退院できたことの報告
3　病院まで訪ねてくれたお礼
4　山本さんに今度会う時期

問題２　次の（１）から（３）の文章を読んで、後の問いに対する答えとして、最もよいものを、１・２・３・４から一つ選びなさい。

（１）

空を飛んでいる虫を食べるのが、コウモリ本来の、ベーシックな食生活です。

しかしすべてのコウモリがみんなで虫を食べていたら、しまいにはエサがいなくなってしまい、コウモリそのものも全滅してしまいます。それに、虫の少ない環境に生きるコウモリもいます。ですから空を飛ぶ食虫目の哺乳類《ほにゅうるい》であるコウモリは、①「食べ分け」をしなければいけなかったのです。

たとえば、魚だけを食べるウオクイコウモリというのがいます。水面が波打っているのを超音波《ちょうおんぱ》で感知して、その下にいる魚をすくい取って食べます。花の蜜《みつ》だけを吸うコウモリや、フルーツだけを食べるフルーツバット、中にはコウモリを食うコウモリもいます。

そんなバリエーション（※１）のひとつとして、哺乳類や爬虫類《はちゅうるい》の動物の血を吸うコウモリがいるのです。血を吸う（　Ａ　）は、もっとも手っ取り早い栄養の摂取《せっしゅ》方法であることです。つまり動物の血液は栄養に満ちているので、頭から丸ごと食べて消化する手間がかからないのです。栄養を摂取するのに、この上なく効率がいいわけですね。ちなみに彼《かれ》らは「吸血血液保存袋《ほぞんぶくろ》」のようなものを持っていて、おなかの減った仲間がいると、おなかいっぱいの吸血コウモリがわけてあげることがあります。

吸血コウモリというと、吸血鬼ドラキュラの手先（※２）とか、伝染病《でんせんびょう》を媒介《ばいかい》するベクター（媒介者）という悪いイメージから忌《い》み嫌《きら》われますが、同種間ではそういうやさしい②習性も持っているのです。

（野村潤一郎『サルが食いかけでエサを捨てる理由』ちくまプリマー新書による）

（※１）バリエーション：いろいろあること
（※２）手先：人の支配を受けて使われる者

5　ここでの①「食べ分け」の説明として正しいものはどれか

1　虫に限らず多種多様のエサを食べること
2　種類や生息地の異なるコウモリとは、別のエサを食べること
3　満腹のコウモリが空腹の仲間にエサを分けること
4　エサを食べる時期と、食べない時期とに分けること

6　（　A　）に入る最も適切なものはどれか。

1　弱み
2　手段
3　原因
4　利点

7　文中の②習性とは、どういうことを指しているか。

1　栄養をとる効率がいいこと
2　他の生き物の血を吸って生きること
3　伝染病を人にうつすこと
4　仲間のコウモリに血をあげること

（2）

自由は、いいものです。

ひとりで暮らすのは、すばらしいものです。

でも、①とても恐ろしい、目に見えない落し穴がポッカリと口をあけています。

それは、行儀の悪さと自堕落《じだらく》(※1)です。

自由と自堕落を、一緒にして、間違っているかたもいるのではないかと思われるくらい、これは裏表であり、紙一《かみひと》重《え》(※2)のところもあるのです。

「独りを慎しむ(※3)」

このことばを知ったのは、その頃でした。言葉としては、前から知っていたのですが、自分が転がりかけた石だったので、はじめて知ったことばのように、②心に沁《し》みたのでしょう。

誰が見ていなくても、独りでいても、慎しむべきものは慎しまなくてはいけないのです。

ああ、あんなことを言ってしまった、してしまった。

誰も見ていなかった、誰もが気がつきはしなかったけれど、何と恥ずかしいことをしたのか。闇の中でひとり顔をあからめる気持を失《な》くしたら、どんなにいいドレスを着て教養があっても、人間としては失格でしょう。

「独りを慎しむ」、これは、人様《ひとさま》(※4)に対していっているのではありません。

独立して十七年になりながら、いまだになかなか実行出来ないでいる自分に向って、意見していることばなのです。

（向田邦子『向田邦子全集新版 第11巻』文藝春秋による）

(※1) 自堕落：やるべきことを怠けるようになること
(※2) 紙一重：紙一枚の厚さほどの、わずかの差
(※3) 慎しむ：過ちがないように、行動を控えめにする
(※4) 人様：「他人」の丁寧な言い方

8　①とても恐ろしい、目に見えない落し穴とは何か。最も適当なものを選びなさい。

1　他人との付き合いが面倒になってしまうこと
2　独りで暮らし、誰にも存在を知られないこと
3　独り暮らしから抜け出せなくなること
4　誰にも見られず、生活がだらしなくなること

9　②心に沁《し》みたとあるが、それはなぜか。

1　初めて耳にした言葉だったから。
2　言葉の意味が実感できたから。
3　誰かに伝えたい言葉だと思ったから。
4　言葉の意味を知り恥ずかしくなったから。

10　この文章で筆者が最も言いたいことはどれか。

1　独りでいる時であれ、自分をコントロールすることが大切だ。
2　行儀が悪くなるので、独り暮らしはなるべく避けたほうがいい。
3　「独りを慎しむ」ことができない人が、最近増えている傾向にある。
4　「独りを慎しむ」という言葉は、誰もが知っておくべき言葉だ。

（3）

私たちの生活は、ずいぶん豊かになった。家にはぜいたくなモノがあふれている。家にあるモノのぜいたくさだけならば、たぶんアメリカの平均的な家庭を上まわっているように思える。

また、お金の使い方を見ても、かなりぜいたくな水準にあるといっていい。パッパと気前よく、よく使う。収入が増え、ぜいたくにまわせるようになったのである。しかし、ほんとうのぜいたくかといえば、首を傾《かし》げたくなる部分もある。

ふだんの日常生活を送る、私たちの心の中はどうか。豊かさを実感できているか。①必ずしも、そうではないだろう。

日常生活が豊かにならなければ、決して生活水準が上がったとはいえない。

たしかに日本人の平均収入は増えたのだろうが、平均収入が増えれば生活水準も上がったということにはならない。

要は生活の仕方だ。お金の使い方である。その発想そのものを変える必要があるのではないか。いまの収入の範囲内で、いくらでも生活水準を上げることは可能だ。

（中略）

モノで、心を満たすことはできない。

それどころか、モノで欲望を満たそうとすればさらに欲望はふくらみ、そうやって知らず知らずのうちに欲望の塊《かたまり》のようになってゆく。

欲望にふりまわされて、自らの人生を壊してゆく。

②そういう人を、私は「貧乏性」とも呼んでおきたい。

「二百足も靴をもっているなんて、なんてぜいたくな暮らしなんだろう」と思うかもわからないが、私は「足るを知らない」という意味でもって貧乏性といっておきたいのだ。

（斎藤茂太『「捨てる」「片づける」で人生が楽になる』新講社）

11 筆者はなぜ①必ずしも、そうではないだろうといっているか。

1 一生懸命働いても、生活水準や収入が低いままだから。

2 欲しいモノすべてを手に入れたわけではないから。

3 収入が増えるほど、欲しいモノは高価になっていくものだから。

4 モノを手に入れても、生活の質自体はよくなっていないから。

12 ②そういう人とはどのような人か。

1 お金がなく、モノを満足に買えない人

2 よく働いても生活水準が上がらない人

3 いくらモノを手に入れても満足できない人

4 ぜいたくな暮らしをしようと思っている人

13 筆者の意見と合っているものはどれか。

1 幸せを感じたかったら、まずお金の使い方を見直すべきだ。

2 経済的に苦しい状態の人は、貧乏性になってしまいがちだ。

3 ぜいたくをする人ほど、心が貧しい。

4 経済的に豊かになればなるほど、生活の質は上がるものだ。

問題3　次の文章を読んで、後の問いに対する答えとして、最もよいものを、1・2・3・4から一つ選びなさい。

（前略）この変化の激しい現代日本社会において、①大人が子どもに伝えるべきものとは、何なのだろうか。

端的に(※1)言えば、それは、「およそどのような社会に放り出されても生き抜いていける力」であろう。とはいえ、現代は原始時代ではないのだから、「生きる力」は単純な生物学的な生命力だけを意味するわけではない。もちろんこの単純な生命力はあらゆる活動の基本となるものであるから、これを活性化させる意義は大きい。それを前提とした上で、現代社会における「生きる力」とは、具体的にはどのようなものなのだろうか。

私が考えるに、この「生きる力」とは、「上達の普遍的な論理」を経験を通じて〈技化《わざか》〉していることである。どのような社会にも仕事はある。たとえ自分が知らない仕事であっても、仕事の上達の筋道(※2)を自分で見出す(※3)ことができる普遍的な力をもし持っていれば、勇気を持って新しい領域の仕事にチャレンジしていくことができる。

このように言うと一見抽象的なようだが、周りを見渡せばこれを技化している人間がいることに気づくのではないだろうか。私自身は、上達の論理の技化ができている人にこれまで何人も出会ってきた。その中で印象的であったのは、イラン人のピリさんという人である。（中略）

彼の言語の学習の仕方は、徹底的に自学自習主義であった。テレビやラジオから言葉を聞き取り、それをノートにとって反復して(※4)覚えたり、積極的に日本人と話すことによって実践的に会話力を鍛えていた。向学心にあふれ、分からない日本語があるとどういう意味なのかとすぐに聞いてきた。彼は、当時流行っていたブレイクダンスをやって見せてくれた。「どこで習ったのか」と聞いたが、②彼は少し驚いたように、「どこでも習っていない。うまい人がやっているのを見て、それを何度もまねて、自分で練習して覚えた」と答えた。（中略）

イラン人が皆、このような生き抜く力を持っているわけでは、必ずしもない。来日三ヶ月のピリさんに頼っている同郷の友人も、かなりいたようだ。ピリさんは何をやるに際しても、自分は上達するという確信を持っているようであった。特定の事柄についてではなく、上達一般に自信をもっていた。うまい人のやることをよく見て「技をまねて盗む」ということが、上達の大原則にすえられていた。

うまい人のやることをよく見て、その技をまねて盗む。これが、上達の大原則である。こんなことは当然だと思う人が多いかもしれない。しかし、それを強い確信を持って自分の実践の中心に置くことができているかどうか。③それが勝負の分かれ目なのである。

（斎藤孝　『「できる人」はどこがちがうのか』ちくま新書による）

（※1）端的に：要点をわかりやすく
（※2）筋道：物事を行うときの正しい順序や論理
（※3）見出す：見つける
（※4）反復して：繰り返して

14 ①大人が子どもに伝えるべきものとは何だと筆者は考えているか。

1 どんな社会でも通用する仕事
2 積極的に勉強に取り組む姿勢
3 自分に必要な知識を選別する力
4 環境に適応するための方法

15 ②彼は少し驚いたようにとあるが、どうしてピリさんは驚いたのか。

1 誰かにダンスを教わるということは考えもしなかったから。
2 筆者がブレイクダンスに興味を示したことが意外だったから。
3 イラン人にとって、ダンスは人に習うものではないから。
4 ダンスの上達に必要なのは、努力とセンスだと考えていたから。

16 ③それが勝負の分かれ目なのであるとあるが、それとは何を指しているか。

1 自分よりうまい人のやり方をいかに正確にまねられるか。
2 上手な人のまねをすることは正しいことだと信じて、それを徹底できるか。
3 自分の実力を信じて、落ち着いて物事に取り組めるか。
4 成功した人の生き方を生活の中心に置いて、同じようにできるか。

17 筆者がピリさんの例を取り上げて最も言いたかったことはどれか。

1 短期間で上達するには、人から教わらず自分で学ぶのが一番だ。
2 自分が成長するための方法を持つことが、社会を生き抜く力になる。
3 勇気を持てば、どんな状況にも負けないで、新しいことに挑戦できる。
4 何に取り組むときも、自分は優れていると信じることが大切だ。

問題４　次のＡとＢはそれぞれ別の新聞記事である。ＡとＢの両方を読んで、後の問いに対する答えとして最もよいものを、１・２・３・４から一つ選びなさい。

Ａ

国際オリンピック委員会（IOC）は２日、2020年夏季五輪《ごりん》の立候補都市が決まったと発表した。立候補したのは、東京、ローマ、マドリード、イスタンブール、ドーハ、バクーの６都市。開催都市は、2013年９月に開かれるIOC総会で決定する。

東京は、2016年夏季五輪に続き、２大会連続の立候補となる。石原都知事は６月17日の都議会で「（東日本大震災から）９年後の日本の姿を披瀝《ひれき》(※１)すれば、世界中から寄せられた友情や励ましへの何よりの返礼となる」と述べた。前回は招致《しょうち》(※２)の明確なテーマを打ち出すことができなかったが、今回は五輪を「東日本大震災からの復興のシンボル」と位置づけることで、国内外からの支持を広げる考えだ。

（2011年９月３日　東京政経新聞）

Ｂ

2020年夏季五輪の立候補都市が２日決まった。東京の五輪招致について、弊社《へいしゃ》が独自にアンケートを行ったところ、2,512人（男性1,741人、女性771人）から回答が得られた。招致について「賛成」52％、「反対」48％と、賛否《さんぴ》が真《ま》っ二《ぷた》つに分かれる形となった。

賛成派の意見は、「女子サッカーのワールドカップ優勝が日本に元気と勇気を与えた。今こそ日本国民が団結して復興五輪を盛り上げたい」「多くの選手や関係者が来日するので、経済効果が十分に期待できる」などだ。一方、反対派は「国や東京都の財政負担が増えるだけ」「今は五輪招致よりもするべきことがある」という考えだ。

国際オリンピック委員会は2012年５月の理事《りじ》会で立候補都市の一次選考を行い、13年９月の総会で開催都市を決定する。

（2011年９月15日　全日新聞）

(※１) 披瀝《ひれき》：包み隠さずに打ち明けること
(※２) 招致《しょうち》：招くこと、招き寄せること

18 AとBのどちらの記事にも触れられていない内容はどれか。

1 2020年夏季オリンピックの全立候補都市が発表された日付
2 2020年夏季オリンピックに東京都が正式に立候補した日付
3 夏季オリンピックの東京招致に対する都知事の考え
4 夏季オリンピックの東京招致に対する世論

19 東京の五輪招致について、Aの筆者とBの筆者はどのような立場をとっているか。

1 AもBも、ともに賛否を明確にしていない。
2 Aは賛成しているが、Bは賛否を明確にしていない。
3 Aは賛成しているが、Bは否定的だ。
4 Aは賛否を明確にしていないが、Bは否定的だ。

20 2016年の夏季五輪招致に失敗した原因として、記事で触れられているのはどれか。

1 財政負担の増加が予測され、国民の多くが招致に否定的になった。
2 日本の魅力を世界に十分アピールすることができなかった。
3 東京での開催は2度目になるので、盛り上がりが期待できなかった。
4 なぜ東京に五輪を招致したいのかを明確にすることができなかった。

問題5　次の文章を読んで、後の問いに対する答えとして、最もよいものを、1・2・3・4から一つ選びなさい。

かつて大人たちは、子どもたちがゲームやテレビアニメに熱中しているのを見ると、「現実とヴァーチャル世界の区別のつかない人間になってしまう」と心配した。そして、時に子どもたちが信じがたい、残忍な犯罪を起こすと、「ゲームやアニメの世界で簡単に人が死んでいくのを見てきたから、現実世界でもゲーム感覚で簡単に人を殺すようになった」とマスコミは書きたてた(※1)。

しかし、当時そういった、いかにも短絡的(※2)で、ステレオタイプな論調を耳にするたびに、「いくらゲームやアニメ漬けの生活をしていたとしても、実際に現実とヴァーチャルの区別がつかなくなり、シューティングゲームで敵を殺すように、簡単に生身の人間を殺してしまうなんてことは、まずあり得ない」と、多くの人は思っていたはずだ。

(中略) しかし、①どうやらそうではないらしいことが、しだいに明らかになりつつある。

日本人は、戦後一貫して、アニメ、ゲーム、キャラクターに囲まれる生活をしてきた。そして、キャラクターとの間にもはや抜き差しならない(※3)ほど強い精神的な絆を結んでいる。その中で、「キャラ化」の感覚は常に、ぼくらと寄り添い、身体化し続けているのだ。

キャラクターだけでなく、高度情報化の包囲網もぼくらから「現実世界」との接触を奪いつつある。

一九九〇年代以降のインターネット、携帯電話の急速な普及は、高度情報化社会を一気に生活レベルにまで浸透させた。今では、多くのビジネスマンは日々パソコンの前で生活し、他の多くの人たちも携帯電話から目が離せない生活を送っている。実際、電車に乗ると、半数以上の人が携帯電話の画面を覗き込み、メールかゲームに興じている。

これは、もはや②当たり前になってしまった日常風景なのだが、少し引いて見てみると、ある種異様な光景でもある。彼らは、本当に「現実世界」を生きているのだろうか。かりそめの(※4)身体はそこにあったとしても、意識そのものはすでに③仮想現実社会で暮らしているのではないのか。そう感じてしまうのは、ぼくだけではないような気がする。

(中略)

日常的なコミュニケーションの多くも、今では対面ではなく、メールや電話で行うことが当たり前になっている。実際には一度も会うことなく、メールだけでことが済んでしまう相手だってめずらしくなくなってきている。

いやむしろ、メール中心の、仮想現実的なコミュニケーションに慣れてしまうと、実際に対面して行うコミュニケーションが億劫(※5)になったり、不快になったりするといった経験をした人も少なくないはずだ。

メールが中心となるコミュニケーションの相手は、もちろん現実の存在ではなく、情報としての対象である。つまり、おもしろいことに、ぼくらは現実の存在（対面する相手）よりも情報としての対象（メールでの相手）のほうに親近感を持ったり、愛着を覚えたりしているということなのだ。

（相原博之『キャラ化するニッポン』講談社現代新書による）

（※1）書きたてる：新聞や雑誌などが盛んに書く
（※2）短絡的：本質を考えずに原因と結果を結びつけること
（※3）抜き差しならない：どうすることもできない
（※4）かりそめの：本当ではない一時的な
（※5）億劫：面倒で気が進まない

21 ①どうやらそうではないらしいとあるが、そうとは何を指しているか

1 子どもが残酷な犯罪を起こすこと
2 現実とゲームの世界を混同すること
3 マスコミの言うことは誇張に過ぎないということ
4 大人と子どもの犯罪には違いがあること

22 ②当たり前になってしまった日常風景の例として正しいものはどれか。

1 電話で顧客のクレームに応対する。
2 公園で友達と携帯型ゲーム機で遊ぶ。
3 電車の乗客のほとんどが携帯電話の画面を見ている。
4 携帯電話の新しい機能に夢中になる。

23 ここでの③仮想現実社会の説明として正しくないものはどれか。

1 現実の世界とはっきり区別されている。
2 簡単に人が殺されたり死んだりする。
3 携帯電話に依存している人たちはこの社会の住人といえる。
4 人々の「現実世界」とのかかわりが減る一方で、拡大している。

24 本文の内容と合っているものはどれか。

1 高度情報化によって、私たちの暮らしは便利で快適なものになった。
2 日本人は、現実の世界と仮想現実社会を区別して、それらをうまく利用している。
3 メールだけのコミュニケーションでは不十分で、やはり一度は対面したほうがいい。
4 普段会う友達よりメールだけの友達のほうが親しくなることも、珍しくなくなっている。

問題6　次は、松川小学校「まつかわ子ども会」の廃品回収のお知らせである。下の問いに対する答えとして最もよいものを、1・2・3・4から一つ選びなさい。

25　田村さんの家には、以下の廃品がある。廃品回収に出せないものが含まれているのはどれか。

1　ふとん、枕カバー、シーツ
2　牛乳パック、アルミの空き缶、ビールびん
3　古新聞紙、雑誌、学校でもらったプリント
4　Tシャツ、ジーンズ、スーツ

26　田村さんは7月31日の9時までに何をすればいいか。

1　回収しやすいように、紙類、布類、缶・びん類に分けておく。
2　家にどのような廃品があるか、担当の人に連絡しておく。
3　廃品を分別し、近くのゴミ捨て場に持っていく。
4　分別しまとめた廃品を玄関の近くに置いておく。

地域の皆様

西浜市立松川小学校

「まつかわ子ども会」事務局

廃品回収のお知らせ

初夏の候、皆様には日ごろより「まつかわ子ども会」の活動にご理解、ご協力をいただき、誠《まこと》にありがたく感謝申し上げます。

さて、毎年恒例の廃品回収の日程が決定いたしました。お手数をおかけしますが、廃品の多少にかかわらず、ご協力を賜《たまわ》りますようよろしくお願いいたします。

日時　7月31日（日）午前9時から

※小雨決行。8時半の時点で雨が強く降っている場合は8月6日（土）午前9時に延期。

回収品目

●新聞紙（雑誌と必ず分け、ひもでしばってください）

●雑誌・その他古紙（ひもでしばってください。牛乳パックは洗ったあと広げて出してください）

●ダンボール（くずれないように、ひもでしばってください）

●アルミ缶（必ず中を洗って乾燥させてから袋に入れてください。缶は小さくつぶしてください。スチール缶は回収しませんので、あらかじめ分別をお願いします）

●ビールびん、一升《いっしょう》びんなど

●古い布（袋に入れるか、ひもでしばってください。寝具は回収しません。服のボタンやファスナーは外しておいてください）

お願い・注意事項

・児童と担当の保護者がトラックで地域をまわり、廃品を回収します。廃品は玄関先などにまとめておいてください。

・お車をお持ちの方は、直接校庭へ持ってきていただけるとたいへん助かります。

・缶や布を入れる袋は、西浜市指定のものでなくてもかまいません。

・子ども会では、寄付活動のためペットボトルのふたを集めております。ご協力いただける方は回収時に児童にお渡しください。

問題1　次の（1）から（4）の文章を読んで、後の問いに対する答えとして、最もよいものを、1・2・3・4から一つ選びなさい。

（1）

近年、高齢者や妊婦などの、いわゆる「買い物弱者」を対象とした新しいサービスが注目されています。大手牛乳配達会社のある販売店では、配達先の一人暮らしのお年寄りの安否《あんぴ》確認サービスを始めています。宅配ボックス内の飲み物の有無を確認し、配達された状態のまま残っていれば、親族に連絡が届く仕組みだそうです。電気店や商店街では、商品宅配時に次回の注文をとる「御用《ごよう》聞き」サービスに取り組んでいるところもあります。「作りさえすれば客が集まる」時代は確実に終わりを告げ、時代のニーズに即した新しい販売の形がますます求められているのです。

1　新しい販売の形に最も近いものはどれか。

1　客が店に足を運びたくなるような商品やサービスを備えること
2　商品だけでなく、いろいろなサービスを付けること
3　健康に関する商品やサービスを積極的に扱うこと
4　お年寄りとその家族を対象としたサービスに力を入れること

（2）

雲や風や空の色などの自然現象や生物の行動の様子などを目で観察して、経験をもとに天気を予想することを「観《かん》天《てん》望《ぼう》気《き》」と言う。例えば、「空が灰色になり冷たい風が吹くと、やがて激しい雨が降る」「ハチが低く飛ぶと雷《らい》雨《う》」などと言われている。気象衛星やコンピューターなどの技術の進歩によって、天気予報の精《せい》度《ど》は向上を続けているが、局《きょく》地《ち》的《てき》(※1)かつ急激な気象の変化については、まだまだ予測が難しいというのが実情である。自然災害から身を守るためには、天気予報だけでは決して十分でなく、人々が経験的に得てきた知恵をうまく生かすべきだと思う。

（※1）局地的：ある区域に限られた

2 「観天望気」の説明として、本文の内容に合っているものはどれか。

1 急激な天気の変化を予測するのには向かない。
2 公式の天気予報を補うものとして有効である。
3 科学技術の進歩に伴って発展してきた。
4 人間以外の生物は、これにより危険を予測している。

（3）

毎日不況に関する暗いニュースばかり見ていると、我々が置かれている状況はかなり悲観的なのではないかとさえ思えてくる。しかし、本当にそうなのだろうか。

先日、ある雑誌でブータンの特集を読んだ。ブータンでは、国内総生産だけでなく、国民総幸福量を重視しているらしい。持続可能なエネルギーを使い環境を守りながら、自給自足の暮らしを目指した結果、国民の９割以上が幸せだと感じているそうだ。

振り返ってみれば、我々もかつては必要な物だけを自分たちで作り、それで十分だったではないか。今日の日本が目指すべきは、高い経済成長ではなく、ブータンのような真の意味での幸せの追求なのではないだろうか。

3 この文章によると、真の意味での幸せを追求する社会にはどのような特徴があるか。

1 ものの生産と消費を自らでまかなえる。
2 自然に囲まれていて、ストレスが少ない。
3 すべての人が安定した収入を得られる。
4 人々が皆、誰にも頼ることなく、一人でも生きていける。

（4）

（社内の掲示）

節電のお願い

当社では、電力不足に対応するため、節電を実施しております。
下記の節電対策にご協力をよろしくお願いします。

記

1．夏季は軽装《けいそう》（※1）を心がけ、エアコンの設定温度を28℃に保つ。
　冬季は重《かさ》ね着《ぎ》などをして、エアコンの設定温度を20℃に保つ。
2．昼間は廊下、玄関ホールの電気を消す。
3．長時間使用しない電気機器のコンセントを抜く。
4．パソコンを使わない時は電源をオフにする。
5．18時以降の残業を減らし、必要があれば早朝出勤する。
6．なるべく階段を利用し、エレベータの使用を控える。

以上

2011年7月1日
総務部総務課

（※1）軽装：上着を脱ぐなど、行動しやすい軽めの服装になること

4 この文書に示されている節電対策のとおりに実行しているのはどれか。

1　一定期間、エレベーターの使用を停止する。
2　玄関ホールなどの照明をなるべく暗くする。
3　会議で席を離れるときに、パソコンの電源を切る。
4　エアコンを使用するときに、ドアや窓を必ず閉める。

問題2　次の（1）から（3）の文章を読んで、後の問いに対する答えとして、最もよいものを、1・2・3・4から一つ選びなさい。

（1）

小笠原《おがさわら》諸島（東京都）が国内４カ所目の世界自然遺産に登録されることが決まった。観光客増加による経済効果に期待は高まるが、環境悪化が懸念される。各地の自然遺産が抱える共通のジレンマ(※1)だ。

この点は最近、国内初の自然遺産である屋久島《やくしま》（鹿児島県）で表面化した。屋久島町は今月、島の象徴である縄文杉などへの観光客立ち入りを制限する条例案を議会に提出したが、全会一致で否決された。縄文杉は樹皮をはぎ取られたりと損傷が絶えないが、町は制限すると宿泊料などで年２億3000万円の損失が出ると試算しており、経済効果を優先させた格好だ。

現在、小笠原諸島では登録後も（　Ａ　）との意見が目立つ。本土との交通手段が約６日に１回の船便（中略）に限られているのが理由だ。

しかし、大陸と地続きになったことのない「海洋島」にたどり着いた生物は、競争相手が少ないまま世代をつないだだけに、外来種に駆逐《くちく》(※2)されやすい特徴がある。

外来種は人だけでなく、建築資材や農産物に付着する。国が助言を求めている科学委員会は、物の往来に対する監視強化と、乗船者への検疫を求めている。「ガラスの生態系」と呼ばれる脆弱《ぜいじゃく》な自然をどう守るのか。観光客に入島税を課して外来種対策の財源に充てるのも一案だろう。

（2011年６月25日付け毎日新聞朝刊による）

（※1）ジレンマ：希望する二つの事柄の片方を立てれば、もう片方がよくない結果になるという状況
（※2）駆逐《くちく》：追い払うこと

5　否決された とあるが、なぜ否決されたのか。

1　縄文杉の損傷が絶えないから。
2　国内初の自然遺産だから。
3　観光客や宿泊客が多すぎるから。
4　観光業での収入が減るから。

6　（　A　）に入るものとして、最も適当なものはどれか。

1　生態系に大きな影響を与えない
2　経済的な効果は期待できない
3　縄文杉への被害は今後さらに増える
4　島の生態系は徐々に崩れていく

7　科学委員会は、この問題についてどのような提案をしていると考えられるか。

1　島に入る人の数を制限する。
2　対策について国から助言を受ける。
3　観光客にも環境保護の資金を負担してもらう。
4　島に入る食料品などのチェックを厳しくする。

（2）

（前略）人間には落ちこみと交互に高揚の時期が周期的に訪れるわけですが、成功したり、幸運に恵まれたりするとやはり高揚します。欲求が満たされたためというよりも、前途が開けて、生命力が活性化するからです。このように高揚した状態が心理に反映すると、うれしいとか喜びとか幸福感という気持ちになります。単に欲求が満たされるだけで、それが未来につながらない場合は、単なる快感に終わってしまいます。

つまり、うれしいというのはそのときだけの状態ではなく、これから希望を持って挑戦的に生きてゆこうとする状態なのです。人間は挑戦的に生きようとする存在ですが、生命力が高まると、その性質が強くなります。

（　Ａ　）出てくる鼻歌というのは、いわば進軍ラッパか行進曲みたいなものです。もちろん、音楽にもいろいろの種類があって、三三頁に説明した（※1）静かなクラシック音楽のようなものは行進曲にはなりません。従って、うれしいときの鼻歌の多くはリズミカルなものということになるでしょう。あるいは、心を鼓《こ》舞《ぶ》するような歌です。

（中略）うれしいときには、鼻歌だけではなく、日頃はめったにしない他人の手伝いなどもしたりします。人間嫌いとは反対に、他人と一体となって生きる本来の性質も強く現われるのです。

（千葉康則『ヒトはなぜ夢を見るのか』PHP研究所による）

（※1）三三頁に説明した：（この文章を収めている本の）33ページの中で説明した

8　（　A　）に入る最も適当なものはどれか

1　そこで
2　そのうえ
3　ところで
4　すなわち

9　筆者は進軍ラッパをどのようなものの例として使っているか。

1　落ち込んでいる気分を転換してくれるもの
2　肉体的痛みや精神的苦痛を和らげるもの
3　気持ちを高め、勇気づけるもの
4　気持ちを引き締めたり、緊張させるもの

10　この文章の内容と合っているものはどれか。

1　うれしい状態が続くと、人は他人に対して挑戦的な態度をとる。
2　人間嫌いな人は人間好きな人に比べて、鼻歌はあまり歌わない。
3　気持ちが高まると、普段しないようなことでもしたくなる。
4　幸運なことがあっただけでは快感を得ることができない。

（3）

「香り松茸《まつたけ》、味シメジ」なんていうけれど、スーパーで売っている人工栽培されたシメジの味気ないこと。椎茸《しいたけ》だってエノキだって同じ。味&香りは、採れてから経過した時間に反比例するのだから、今さら愚痴っても始まらないのだけれど。

その点、山をほっつき歩いて(※1)見つけた茸《きのこ》は香ばしくて味が濃くて、おまけに見つけるまでの苦労や疲労や、吸いこんだ森の清浄な空気や、いちいち見とれた景色や、茸狩りの現場にやって来るのに費やした時間や金までが詰まっているのだから、ありがたいことこの上ない。

同じ狩りと言っても、鹿狩りや猪狩りや熊狩りなどに比べて茸狩りは、ひっそりと穏やかで殺生の罪悪感を覚えなくても済むというのに、ハンティングの魅力を十分に持ち合わせてもいる。狩りの対象を探索しなくてはならないということは、すなわち見つからない可能性もあるということで、賭《か》け事につきものの偶然を必然にすべく（茸の特性や現場についての）一定の知識経験や技術を必要とし、その上さらに、幸運を必要とするということなのだ。未知と偶然があり、運不運があることこそが、人を狩りに駆り立てる魅力ではないだろうか。

まあ、そんなわけで、山で採りたての茸の味を覚えてからというもの、スーパーの茸売り場はパスするようになった。

（米原万里『心臓に毛が生えている理由』角川文庫による）

（※1）ほっつき歩いて：あちこち歩き回って

11 ありがたいことこの上ないとあるが、そう感じるのはなぜか。

1 いつでもおいしい茸が買えるから
2 美しい自然がすぐそばにあるから
3 苦労しなくても食べ物が手に入るから
4 いろいろな過程を経た成果だから

12 茸狩りについての筆者の説明と合っているものはどれか。

1 生物の命を奪うという点で、熊狩りなどと共通点がある。
2 茸が手に入るのはほとんど偶然によると言ってよい。
3 茸を見つけるためには運も知識も必要である。
4 最も大きな魅力は、新鮮であるということだ。

13 筆者が述べていることと合っているものはどれか。

1 最近はスーパーで茸を買っていない。
2 経験を積めば積むほど、茸狩りが楽しくなる。
3 動物を殺す罪悪感がない分、茸狩りは刺激が少ない。
4 茸狩りをするにも、良い道具をそろえることが肝心だ。

問題3　次の文章を読んで、後の問いに対する答えとして、最もよいものを、1・2・3・4から一つ選びなさい。

その男は、何匹かのネズミを飼っていた。かず多くのなかから選んだ、敏感な性質のネズミばかりだった。（中略）

男がネズミとくらしているのは、かわいがるだけが目的ではなかった。男はいつも、背中をなでてやりながら、こんなことをつぶやく。

「考えてみると、おまえたちがいなかったら、わたしは何回も災難にあっていただろうな」

ネズミには、近づいてくる危険を、あらかじめ感じとる力があるのではないだろうか。男はこのことに気づき、その利用を思いたったのだ。そして研究は成功し、①役に立った。

かつて、ある日、ネズミたちが、とつぜん家から逃げ出したことがあった。わけがわからないながらも、男はそれを追いかけ、連れもどそうとした。

その時、激しい地震がおこった。さいわい外にいたから助かったが、もし家に残っていたら、倒れた建物の下敷《したじ》きになっていたはずだ。死なないまでも、大けがをしたにちがいない。

また、こんなこともあった。船に乗ろうとした時、連れてきたネズミたちが、カバンのなかでさわぎはじめた。乗るのをやめると、ネズミたちは静かになり、出航《しゅっこう》した船は、（　A　）。

こんなふうに、ネズミのおかげで助かったことは、ほかに何回もあった。それらを思い出しながら、

「なにしろ、事故や災害の多い世の中だ。これからも、おたがいに助けあっていこう」

と男がエサをやっていると、ネズミたちがそわそわしはじめた。いままでに危険が迫った時、いつも示した動作だった。

「ははあ、なにかがおこるのだな。こんどは、なんだろう。火事だろうか、大水《おおみず》だろうか。いずれにせよ、さっそく引っ越すことにしよう」

急ぐとなると、その家を高く売ることはできなかった。また、安い家をゆっくりさがしているひまもなかった。しかし、それぐらいの損はしかたがない。ぐずぐずしていて、災難にあったらことだ。

新しい家に移ると、ネズミたちのようすは、もとにもどった。気分が落ちつくと、男はあわなくてすんだ災難がなんだったかを、知りたくなった。そこで、電話をかけて聞いてみることにした。（中略）

「そういえば、あれからまもなく、となりの家に住んでいた人もかわりましたよ。そんなことぐらいです」

「そうですか。こんどの人は、どんなかたですか。きっと、ぶっそうな人でしょうね」

と男は熱心に聞いた。災難は、②となりにやってきた人に関連したことだろう。あのまま住んでいたら、いまごろは、やっかいな事件に巻きこまれたにちがいない。だが、相手の答

えは、意外だった。

「いいえ、おとなしい人ですよ」

「本当にそうですか」

「たしかです。ネコが大好きで、たくさん飼っているような人ですから」

たくさんのネコ。人間にはべつになんでもない。しかし、ネズミたちにとっては、ただごとではなかった(※1)のだ。

（星新一著「災難」〔角川文庫刊『きまぐれロボット』所収〕※一部省略あり）

（※1）ただごとではない：なんでもないことではない、大変なことだ（ネコはネズミを食べると言われていることから）

14 研究はどのように①役に立ったのか。

1 いつどんな危険が迫ってくるのか、予測することができた。

2 大災害の発生を予言し、多くの人を救うことができた。

3 研究結果を利用し、火事や大水の発生を防ぐことができた。

4 遭うはずだった災難から男の身を守ることができた。

15 （ A ）に当てはまるのは、どれか。

1 嵐にあって、沈んでしまった

2 男を置いて、行ってしまった

3 無事に目的地に辿り着いた

4 事前に危険を避けることができた

16 ②となりにやってきた人はどんな人だったか。

1 危険なことをしそうな人

2 ネズミにとって厄介な人

3 落ち着きのない人

4 猫好きで騒がしい人

17 この小説の内容に合わないものはどれか。

1 ネズミたちは敏感で、自らの身に危険を感じると騒ぎ出す性質がある。

2 男は自分が何らかの危険に巻き込まれると思い、引っ越しをした。

3 男はいち早く引っ越しをしようとして、経済的損失を負った。

4 男は引っ越しをしたことで、ひどい災難から逃れることができた。

問題4　次のAとBは、「昼寝」について書かれた文章である。

A

最近、昼寝の効果についての研究が盛んに行われている。これらの研究によると、昼寝には、疲労回復・事故の予防・作業効率の上昇などの効果があるという。

人間が昼食後に眠くなるのは、生体《せいたい》(※1)リズムによるもので、昼過ぎに小さな眠気《ねむけ》のピークが来るとされている。ちょうど犬や猫が食事をした後に横たわって眠ることが多いのと同じように、人間が昼食後に眠気を感じるのも自然な生理現象なのだ。

それでは、適当な昼寝の長さはどれぐらいか。研究によると、15～20分程度だという。人が眠りにつくと最初の15～20分が浅い眠り、それ以上が深い眠りとなり、浅い眠りは脳をリフレッシュ(※2)させるが、深い眠りは眠気を強く残してしまうからだ。特に運転時は居眠り運転につながりやすいので注意が必要だ。

B

昼食後に眠くなることは誰にでもありますよね。そんな時は眠ってしまうことをお勧めします。眠気を我慢して仕事をするより、頭がすっきりしてミスが減り、ストレス解消にもなるのです。

こうした昼寝の効果を得るうえで、いくつかポイントになることがあります。まず、熟睡《じゅくすい》(※3)はダメです。20分程度が昼寝に適した時間で、20分間座ったまま目を閉じるだけでも十分効果的です。次に、時間は午後2時ごろがベストです。逆に、午後3時以降の昼寝は夜の睡眠によくない影響を与えかねないので、避けるようにしましょう。最後に、昼寝の前にコーヒーを飲むと、すっきり目覚められます。カフェインには眠気覚《ねむけざ》ましの効果があり、それが効いてくるのが摂取《せっしゅ》後(※4)30分ごろなのです。つまり、昼寝から目覚めるころには効いてきて、その後は頭もすっきり冴《さ》えている、というわけです。

(※1) 生体：生きているもの、またその体
(※2) リフレッシュ：元気を回復させること、気分を新たにすること
(※3) 熟睡《じゅくすい》：ぐっすりとよく眠ること
(※4) 摂取《せっしゅ》後：栄養物などを体内に取り入れてから

18　ＡとＢの文章から、昼寝にはどのような効果があるといえるか。当てはまらないものを選びなさい。

1　事故やミスの発生を防ぐ。
2　仕事の効率を上げる。
3　心身の疲れを取る。
4　夜の睡眠効果を高める。

19　AとBの二つの文章を以下のようにまとめる場合、①と②に入るものの組み合わせとして適切なのはどれか。

Ａの筆者は（　①　）について述べ、Ｂの筆者は（　②　）について述べている。

1　①人間が食後に眠くなる理由　②昼寝は昼食の直後がいい理由
2　①昼寝の時間帯と長さ　②効果的な昼寝の方法
3　①昼寝に適した姿勢　②昼寝に適した時間帯
4　①ゆったり昼寝をする方法　②昼寝からすっきり目覚める方法

20　ＡとＢの文章の内容と合っているものはどれか。

1　昼寝は、昔は夜眠れなくなるのでよくないとされたが、近年、逆の評価になった。
2　車の運転をする前に昼寝をすることは、事故につながるので避けたほうがよい。
3　昼寝にはさまざまな効果が認められるが、そのやり方を間違えると逆効果になる。
4　眠気の防止にカフェインが効くのは、摂取後30分間だと考えられている。

問題5　次の文章を読んで、後の問いに対する答えとして、最もよいものを、1・2・3・4から一つ選びなさい。

新しい芸術について語り、芸術は、つねに新しくなければならないと主張するまえに、「新しいということは、何か」という問題をはっきりさせたいと思います。

まず、新しいという言葉そのものについて、考えてみましょう。①意外にも、大きな問題をふくんでいます。だいいち、この言葉の使い方に、混乱が見られるのです。たとえば、新しいということは、無条件に清純で、ちょうど酸素のように、それがあって、はじめて生きがいをおぼえるような、明るい希望にみちたものです。

ところで、また、これが逆によくない意味で使われることがあるのは、ご存じのとおりです。つまり、また無条件に、なまっちょろくて未熟、確固としたものがない、軽佻《けいちょう》浮薄《ふはく》(注1)の代名詞にもなるのです。

おなじ言葉に、このような二つの相があり、反対の価値づけをされています。一方にとって強烈な魅力であり、絶対的であればあるほど、それだけまた一方には、対極的に反発し、悪意をもつ気配も強いのです。これが抽象語におわっているあいだは問題はないのですが、いったん社会語として、新旧の世代によって対立的に使い分けをされはじめると、思いのほか深刻な意味あいをふくんできます。いったい、どういうわけで、どんなぐあいにこの対立が出てくるか、見きわめる必要があります。

新しさをほこり、大きな魅力として押しだしてくるのは、それを決意するわかい世代であり、このもりあがりにたいして、古い権威は、既成のモラルによって批判し、遮断《しゃだん》しようとするのです。

(中略)

世の中が新鮮で動的な時代には、新しさが輝かしい魅力として受けいれられ、若さが希望的にクローズアップされます。しかし反対に、動かない、よどんだ時代には、古い権威側はかさにかかって新しいものをおさえつけ、自分たちの陣営を固めようとします。

たとえば、われわれの身辺をふりかえってみても、この②運命的な攻防ははっきりと見てとれるのです。

(中略)

言葉の使い方のうらには、あいいれない対立的な立場、時代的な断層があるのです。にもかかわらず、同じ共通語でちがった考えを主張するから、混乱がおこってくるのです。

このように言えば、新旧の対立を、やや図式的に二分しすぎ、新しい芸術家の立場から身びいき(注2)な言い方をしているように感じられるかもしれません。しかし、歴史をひもとけば、あらゆる時代に残酷な新旧の対立があり、新しいものが前の時代を否定し、打ち倒して、発展してきていることがわかります。

自分の時代だけを考えていると、どうしても、ものの見方が近視眼的に、安易におちいりやすいので、どこまでも広く、冷静に観察すべきなのです。

（岡本太郎『今日の芸術―時代を創造するものは誰か』光文社知恵の森文庫）

（注1）軽佻浮薄：気分が浮わついていて、軽々しいこと。
（注2）身びいき：自分に関係のある人だけに特別な対応すること。

21 筆者は「新しい」という言葉をどのように説明しているか。

1 社会語としても抽象語としても、対立を招く言葉である。
2 社会語としても抽象語としても、意外に深刻な意味を持つ。
3 抽象語としてではなく、社会語として使われる場合に問題が生じることがある。
4 社会語としてではなく、抽象語として使われる場合に問題が生じることがある。

22 ①意外にも大きな問題をふくんでいますとあるが、筆者は何が問題だといっているか。

1 使う人によって両極端の意味で使われること
2 一つの単語の意味が複数存在するということ
3 本来の言葉の意味と違う意味で使われること
4 意味が抽象的すぎる言葉であるということ

23 ②運命的な攻防の説明として本文の内容と合っているものはどれか。

1 新しいものの価値を主張する人を古い考えの持ち主が押さえ込もうとする争い
2 言葉の意味や使い方をめぐって、中高年と若者とが互いの主張をし合う対立
3 誤解を招きかねず、混乱を生じさせる曖昧な言葉の意味を一つにしようとする努力
4 古い考えを持った自分自身が新しい概念を受け入れようとする挑戦

24 筆者の主張と合っているものはどれか。

1 昔から変わらず続く新旧の争いは無益なだけなので、やめたほうがいい。
2 わかい世代も古い権威も、理解し合えるよう、互いに歩み寄るべきだ。
3 芸術家は常に新しいものを追求すべきで、どんな抵抗にあっても、その姿勢を曲げてはいけない。
4 芸術家は、どんな人にでも受け入れられるように、作品に普遍的な魅力を与えなければならない。

問題６　次は、京都旅行に関するパンフレットである。下の問いに対する答えとして最もよいものを、１・２・３・４から一つ選びなさい。

25　東京在住の黒田さんは、12月26日に奥さんと７歳と９歳の娘さん２人の４人で京都へ旅行に行くことにした。最も安いプランで１泊したいと思っている。黒田さんはどのホテルに宿泊するか。

1　ホテルキャピタル京都
2　京都ビューホテル
3　ホテルキャッスル四条
4　ホテルローヤル京都

26　大西さんは、10月１日に10歳の息子さんと２人でホテルキャッスル四条に１泊したいと考えている。行きは小田原駅を利用する予定だが、帰りは千葉に住む親戚の家に寄るつもりだ。京都旅行の費用は合計でいくらになるか。

1　32,170円
2　32,220円
3　34,170円
4　34,520円

新幹線でお得な京都旅行！

ポイント１　京都１泊２日旅行に新幹線の往復券がセットで 18,500円～ 24,500円!!

ポイント２　新幹線の発着駅と発着時間が選択可！

乗降駅	東京駅・品川《しながわ》駅	新横浜駅	小田原《おだわら》駅	千葉《ちば》・大宮《おおみや》駅
差額（大人・片道）	０円	－250円	－700円	＋150円
差額（子ども・片道）	０円	－120円	－350円	＋70円

◆ホテルキャピタル京都◆

JR京都駅より徒歩２分
洋室風呂トイレ付　朝食・夕食付き
チェックイン13:00　チェックアウト10:00

◦基本料金（お一人様）　※価格は税込み

宿泊日	10月	7,8,9➡S　1,14,15,21,22,28,29➡A　その他➡B
	11月	3,4,5➡S　11,12,18,19,25,26➡A　その他➡B
	12月	23,24,25,26,27,28,29,30,31➡S 2,3,9,10,16,17➡A　その他➡B

宿泊日		S	A	B
大人	フォース	20,500	19,500	18,500
	ツイン	21,500	20,500	19,500
子供	フォース	10,000	10,000	9,500
	ツイン	11,500	11,500	11,500
大人・子供延泊	フォース	3,000	2,500	2,000
	ツイン	4,000	3,500	3,000

◆京都ビューホテル◆

JR京都駅よりバス15分
洋室風呂トイレ付　朝食・夕食付き
チェックイン13:00　チェックアウト11:00

◦基本料金（お一人様）　※価格は税込み

宿泊日	10月	7,8,9➡S　1,14,15,21,22,28,29➡A　その他➡B
	11月	3,4,5➡S　11,12,18,19,25,26➡A　その他➡B
	12月	23,24,25,30,31➡S 2,3,9,10,16,17➡A　その他➡B

宿泊日		S	A	B
大人	フォース	21,500	20,500	19,500
	ツイン	23,500	22,500	21,000
子供	フォース ツイン	12,500	11,500	11,000
大人・子供延泊	フォース	5,500	4,500	4,000
	ツイン	7,000	6,500	5,500

◆ホテルキャッスル四条《しじょう》◆

JR京都駅よりバス5分
洋室風呂トイレ付　朝食付き
★温泉あり
チェックイン14:00　チェックアウト12:00
◦基本料金（お一人様）　※価格は税込み

宿泊日	10月	7,8,9➡S　1,14,15,21,22,28,29➡A　その他➡B
	11月	3,4,5➡S　11,12,18,19,25,26➡A　その他➡B
	12月	23,24,25,30,31➡S 2,3,9,10,16,17➡A　その他➡B

宿泊日		S	A	B
大人	フォース	21,500	19,500	19,000
	ツイン	22,500	21,000	20,500
子供	フォース	10,500	10,000	9,500
	ツイン	12,500	12,000	11,500
大人・子供延泊	フォース	7,000	6,500	6,000
	ツイン	6,500	6,000	5,500

◆ホテルローヤル京都◆

JR京都駅より徒歩10分
洋室風呂トイレ付　朝食付き・夕食
★温泉あり
チェックイン15:00　チェックアウト12:00
◦基本料金（お一人様）　※価格は税込み

宿泊日	10月	7,8,9➡S　1,14,15,21,22,28,29➡A　その他➡B
	11月	3,4,5➡S　11,12,18,19,25,26➡A　その他➡B
	12月	23,24,25,26,27,28,29,30,31➡S 2,3,9,10,16,17➡A　その他➡B

宿泊日		S	A	B
大人	フォース	21,000	19,500	18,500
	ツイン	24,500	23,500	21,500
子供	フォース ツイン	13,000	12,500	12,000
大人・子供延泊	フォース	4,000	3,500	2,500
	ツイン	5,000	4,500	3,500

※フォースは３～４名様用のお部屋、ツインは２名様用のお部屋です。
※子供料金は６歳から12歳未満、大人料金は12歳以上です。６歳未満のお子様は無料でご利用になれます。
※お申し込みは出発前日までOK！　直接お電話ください（03-3344-5555）。最新情報はインターネットでご覧になれます。

（本試験《ほんしけん》の見本《みほん》）

N1 言語知識《げんごちしき》（文字《もじ》・語彙《ごい》・文法《ぶんぽう》）・読解《どっかい》 解答用紙《かいとうようし》

受験番号 Examinee Registration Number		名前 Name	

〈ちゅうい Notes〉

1．くろいえんぴつ（HB、No.2）でかいてください。
Use a black medium soft (HB or No.2) pencil.

2．かきなおすときは、けしゴムできれいにけしてください。
Erase any unintended marks completely.

3．きたなくしたり、おったりしないでください。
Do not soil or bend this sheet.

4．マークれい Marking examples

よい Correct	わるい Incorrect

問題 1 ★文字・語彙				
1	①	②	③	④
2	①	②	③	④
3	①	②	③	④
4	①	②	③	④
5	①	②	③	④
6	①	②	③	④
問題 2 ★文字・語彙				
7	①	②	③	④
8	①	②	③	④
9	①	②	③	④
10	①	②	③	④
11	①	②	③	④
12	①	②	③	④
13	①	②	③	④
問題 3 ★文字・語彙				
14	①	②	③	④
15	①	②	③	④
16	①	②	③	④
17	①	②	③	④
18	①	②	③	④
19	①	②	③	④
問題 4 ★文字・語彙				
20	①	②	③	④
21	①	②	③	④
22	①	②	③	④
23	①	②	③	④
24	①	②	③	④
25	①	②	③	④

問題 5 ★文法				
26	①	②	③	④
27	①	②	③	④
28	①	②	③	④
29	①	②	③	④
30	①	②	③	④
31	①	②	③	④
32	①	②	③	④
33	①	②	③	④
34	①	②	③	④
35	①	②	③	④
問題 6 ★文法				
36	①	②	③	④
37	①	②	③	④
38	①	②	③	④
39	①	②	③	④
40	①	②	③	④
問題 7 ★文法				
41	①	②	③	④
42	①	②	③	④
43	①	②	③	④
44	①	②	③	④
45	①	②	③	④
問題 8 ★読解				
46	①	②	③	④
47	①	②	③	④
48	①	②	③	④
49	①	②	③	④

問題 9 ★読解				
50	①	②	③	④
51	①	②	③	④
52	①	②	③	④
53	①	②	③	④
54	①	②	③	④
55	①	②	③	④
56	①	②	③	④
57	①	②	③	④
58	①	②	③	④
問題 10 ★読解				
59	①	②	③	④
60	①	②	③	④
61	①	②	③	④
62	①	②	③	④
問題 11 ★読解				
63	①	②	③	④
64	①	②	③	④
65	①	②	③	④
問題 12 ★読解				
66	①	②	③	④
67	①	②	③	④
68	①	②	③	④
69	①	②	③	④
問題 13 ★読解				
70	①	②	③	④
71	①	②	③	④

N1 読解《どっかい》 第1回模《も》擬《ぎ》試《し》験《けん》 解答用紙《かいとうようし》

問題 1				
1	①	②	③	④
2	①	②	③	④
3	①	②	③	④
4	①	②	③	④

問題 2				
5	①	②	③	④
6	①	②	③	④
7	①	②	③	④
8	①	②	③	④
9	①	②	③	④
10	①	②	③	④
11	①	②	③	④
12	①	②	③	④
13	①	②	③	④

問題 3				
14	①	②	③	④
15	①	②	③	④
16	①	②	③	④
17	①	②	③	④

問題 4				
18	①	②	③	④
19	①	②	③	④
20	①	②	③	④

問題 5				
21	①	②	③	④
22	①	②	③	④
23	①	②	③	④
24	①	②	③	④

問題 6				
25	①	②	③	④
26	①	②	③	④

N1 読解《どっかい》 第2回模《も》擬《ぎ》試《し》験《けん》 解答用紙《かいとうようし》

問題 1				
1	①	②	③	④
2	①	②	③	④
3	①	②	③	④
4	①	②	③	④

問題 2				
5	①	②	③	④
6	①	②	③	④
7	①	②	③	④
8	①	②	③	④
9	①	②	③	④
10	①	②	③	④
11	①	②	③	④
12	①	②	③	④
13	①	②	③	④

問題 3				
14	①	②	③	④
15	①	②	③	④
16	①	②	③	④
17	①	②	③	④

問題 4				
18	①	②	③	④
19	①	②	③	④
20	①	②	③	④

問題 5				
21	①	②	③	④
22	①	②	③	④
23	①	②	③	④
24	①	②	③	④

問題 6				
25	①	②	③	④
26	①	②	③	④

●著者

菊池富美子（きくち　ふみこ）

東京外国語大学大学院地域文化研究科博士前期課程修了。現在、明治大学国際学部兼任講師。

黒岩しづ可（くろいわ　しづか）

東京外国語大学大学院総合国際学研究科博士前期課程修了。元日本学生支援機構東京日本語センター日本語講師。

竹田慎吾（たけだ　しんご）

東京外国語大学外国語学部ロシア東欧課程卒業。元日本学生支援機構東京日本語教育センター非常勤職員。

日置陽子（ひおき　ようこ）

東京外国語大学大学院地域文化研究科博士前期課程修了。元愛知淑徳大学非常勤講師。

レイアウト・DTP　ポイントライン
カバーデザイン　滝デザイン事務所
イラスト　杉本千恵美
翻　訳　Darryl Jingwen Wee／王雪／崔明淑
編集協力　高橋尚子

日本語能力試験問題集　Ｎ１読解スピードマスター

平成23年（2011年）　11月10日　初版第１刷発行
令和７年（2025年）　３月10日　第９刷発行

著　者　菊池富美子・黒岩しづ可・竹田慎吾・日置陽子
発行人　福田富与
発行所　有限会社　Ｊリサーチ出版
〒166-0002　東京都杉並区高円寺北 2-29-14-705
電話　03(6808)8801（代）　FAX　03(5364)5310
編集部　03(6808)8806
https://www.jresearch.co.jp
印刷所　（株）シナノ パブリッシング プレス

ISBN 978-4-86392-075-0　

日本語《にほんご》能力《のうりょく》試験《しけん》問題集《もんだいしゅう》　N1読解《どっかい》スピードマスター

解答《かいとう》／ことばと表現《ひょうげん》

Answers/Words and expressions

解答／词汇和表达方式

해답／말과 표현

正解《せいかい》

●実戦練習《じっせんれんしゅう》

内容理解（短文）

1	1
2	3
3	3
4	2
5	4
6	3
7	2
8	4
9	4
10	1

内容理解（中文）

問題1	
1	4
2	1
3	2
問題2	
1	2
2	1
3	2
問題3	
1	3
2	2
3	2
問題4	
1	2
2	3
3	4
問題5	
1	2
2	4
3	1
問題6	
1	4
2	2
3	2

内容理解（長文）

問題1	
1	1
2	4
3	1
4	4
問題2	
1	4
2	2
3	3
4	3
問題3	
1	4
2	3
3	4
4	1

統合理解

問題1	
1	2
2	3
3	1
問題2	
1	2
2	1
3	4
問題3	
1	3
2	4
3	2

主張理解

問題1	
1	2
2	1
3	4
4	2
問題2	
1	3
2	2
3	3
4	4
問題3	
1	2
2	1
3	3
4	4

情報検索

問題1	
1	1
2	2
問題2	
1	2
2	2
問題3	
1	4
2	3

●模擬試験《もぎしけん》

第1回

問題1	
1	2
2	3
3	4
4	4
問題2	
5	2
6	4
7	4
8	4
9	2
10	1
11	4
12	3
13	1
問題3	
14	4
15	1
16	2
17	2
問題4	
18	2
19	1
20	4
問題5	
21	3
22	3
23	1
24	4
問題6	
25	1
26	4

第2回

問題1	
1	2
2	2
3	1
4	3
問題2	
5	4
6	1
7	4
8	1
9	3
10	3
11	4
12	3
13	1
問題3	
14	4
15	1
16	2
17	4
問題4	
18	4
19	2
20	3
問題5	
21	3
22	1
23	1
24	3
問題6	
25	3
26	1

内容理解《ないようりかい》（短文《たんぶん》）

※各問題《かくもんだい》の最初《さいしょ》に、文章《ぶんしょう》の内容《ないよう》に合《あ》わせて簡単《かんたん》な題《だい》をつけています（「　」の部分《ぶぶん》）。

問題《もんだい》1　「マンションの買《か》い時《どき》」

【解答《かいとう》】1　1

ことばと表現《ひょうげん》

□**就《つ》く**：就職《しゅうしょく》する。役職《やくしょく》など、ある地位《ちい》になる

□**仕事柄《しごとがら》**：仕事《しごと》の性質上《せいしつじょう》

□**好機《こうき》**：いい機会《きかい》

□**金利《きんり》**：お金《かね》を融資《ゆうし》するときに付《つ》く利息《りそく》、その率《りつ》

問題《もんだい》2　「地熱発電《ちねつはつでん》の開発《かいはつ》」

【解答《かいとう》】1　3

ことばと表現《ひょうげん》

□**要《よう》す（要《よう》する）**：必要《ひつよう》とする

□**国定公園《こくていこうえん》**：国立公園《こくりつこうえん》とほぼ同《おな》じ扱《あつか》いをするものとして国《くに》が指定《してい》する公園《こうえん》。都道府県《とどうふけん》で管理《かんり》する

問題《もんだい》3　「必要《ひつよう》な睡眠時間《すいみんじかん》」

【解答《かいとう》】1　3

ことばと表現《ひょうげん》

□**そう～ない**：それほど～ない、思《おも》っているほど～ない
例《れい》）あの店《みせ》は客《きゃく》が少《すく》ないが、味《あじ》はそう悪《わる》くなかった。

□**逆《ぎゃく》もまたしかり**：反対《はんたい》も同様《どうよう》である。ここでは「睡《すい》眠時間《みんじかん》が短《みじか》くても出世《しゅっせ》できない人《ひと》もいる」ということ

問題《もんだい》4　「オンライン業務停止告知《ぎょうむていしこくち》」

【解答《かいとう》】1　2

ことばと表現《ひょうげん》

□**サーバー**：コンピューター・ネットワークにおいて、利用者側《りようしゃがわ》にデータやサービスを提供《ていきょう》する側《がわ》のコンピューター・システム

□**メンテナンス**：設備《せつび》やサービスなどの維持《いじ》、管理《かんり》

□**オンライン**：インターネットによること

□**了承《りょうしょう》**：事情《じじょう》を理解《りかい》し納得《なっとく》すること

□**リニューアル**：つくりやデザイン、内容《ないよう》などを新《あたら》しくすること

問題《もんだい》5　「自転車通勤《じてんしゃつうきん》の楽《たの》しさ」

【解答《かいとう》】1　4

ことばと表現《ひょうげん》

□**引《ひ》き締《し》まる**：余分《よぶん》なものやゆるんだ部分《ぶぶん》がなくなり、固《かた》く締《し》まる

□**～ならではの**：～だからできる、味《あじ》わえる

問題《もんだい》6　「口《くち》げんかのできない若者《わかもの》」

【解答《かいとう》】1　3

ことばと表現《ひょうげん》

□**術《すべ》**：物事《ものごと》のやり方《かた》、方法《ほうほう》、技術《ぎじゅつ》

□**口《くち》より先《さき》に手《て》が出《で》る**：話《はなし》をする前《まえ》に、叩《たた》いたり殴《なぐ》ったりする

□**頭《あたま》でっかち**：体《からだ》に対《たい》して頭《あたま》が大《おお》きくバランスが悪《わる》いこと。理屈《りくつ》ばかり言《い》って行動《こうどう》に移《うつ》さないこと

問題《もんだい》7　「枝豆《えだまめ》の育《そだ》て方《かた》」

【解答《かいとう》】1　2

ことばと表現《ひょうげん》

□**栽培《さいばい》（する）**：植物《しょくぶつ》を植《う》えて育《そだ》てること

□**まく**：種《たね》を土《つち》に埋《う》めたり散《ち》らしたりすること

□**病害虫《びょうがいちゅう》**：人《ひと》や家畜《かちく》、作物《さくもつ》などに病気《びょうき》や害《がい》をもたらす虫《むし》

□**発芽《はつが》（する）**：芽《め》が出《で》ること

□**狙《ねら》う**：石《いし》や矢《や》などを目標物《もくひょうぶつ》に当《あ》てようとすること。目標《もくひょう》として目指《めざ》す

問題《もんだい》8　「つめをかんでしまう理由《りゆう》」

【解答《かいとう》】 1 　**4**

ことばと表現《ひょうげん》

□**いじる**：手で触《さわ》り、なでたり動《うご》かしたりする

□**没頭《ぼっとう》する**：一《ひと》つのことに集中《しゅうちゅう》する、熱中《ねっちゅう》する

□**活発《かっぱつ》な**：生《い》き生《い》きとして、活動《かつどう》が盛《さか》んな

問題《もんだい》9　「非常時《ひじょうじ》のうわさ」

【解答《かいとう》】 1 　**4**

ことばと表現《ひょうげん》

□**洪水《こうずい》**：a flood／洪水／홍수

□**符合《ふごう》する**：二《ふた》つ以上《いじょう》のこと、ものがぴったりと合《あ》うこと

問題《もんだい》10　「利口《りこう》な利己主義《りこしゅぎ》」

【解答《かいとう》】 1 　**1**

ことばと表現《ひょうげん》

□**究極《きゅうきょく》**：ultimate／极致／궁극

内容理解《ないようりかい》（中文《ちゅうぶん》）

問題《もんだい》1　「集団《しゅうだん》の大《おお》きさ」

【解答《かいとう》】 [1] 4　[2] 1　[3] 2

ことばと表現《ひょうげん》

□**サバンナ**：savanna／萨凡纳／사바나

□**ぽつんと**：ひとつだけほかと離《はな》れて孤立《こりつ》している様子《ようす》。点《てん》のように小《ちい》さい様子《ようす》

□**分《わ》け前《まえ》**：獲得《かくとく》されたもののうち、各自《かくじ》が分《わ》けてもらえる分《ぶん》

□**取《と》り分《ぶん》**：獲得《かくとく》されたもののうち、自分《じぶん》が取《と》るべき分《ぶん》。分《わ》け前《まえ》

□**捕食者《ほしょくしゃ》**：他《た》の生《い》き物《もの》を捕《と》らえて食《た》べる別《べつ》の生《い》き物《もの》

□**釣《つ》り合《あ》い**：バランス、調和《ちょうわ》

□**(有利《ゆうり》に)働《はたら》く**：機能《きのう》する

□**属《ぞく》する(属《ぞく》す)**：組織《そしき》や集団《しゅうだん》の一員《いちいん》になること。ある分類《ぶんるい》に含《ふく》まれる

□**プロセス**：過程《かてい》

問題《もんだい》2　「『ありがとう』の押しつけ」

【解答《かいとう》】 [1] 2　[2] 1　[3] 2

ことばと表現《ひょうげん》

□**連呼《れんこ》する**：同《おな》じ言葉《ことば》を何度《なんど》も繰《く》り返《かえ》して大声《おおごえ》で言《い》う

□**奇跡《きせき》**：miracle／奇迹／기적

□**正論《せいろん》**：sound argument／正确的理论／정론

□**押《お》しつけ**：(歓迎《かんげい》されないものを)無理《むり》に受《う》け取《と》らせること

問題《もんだい》3　「環境《かんきょう》破壊《はかい》と花《はな》の造形《ぞうけい》」

【解答《かいとう》】 [1] 3　[2] 2　[3] 2

ことばと表現《ひょうげん》

□**殺風景《さっぷうけい》**：景色《けしき》や雰囲気《ふんいき》などに楽《たの》しさや面白《おもしろ》みがない様子《ようす》

□**造形《ぞうけい》**：あるイメージをもとに空間《くうかん》の中《なか》に美《うつく》しいものを作《つく》ること

問題《もんだい》4　「アイロンがけロボットの目的《もくてき》」

【解答《かいとう》】 [1] 2　[2] 3　[3] 4

ことばと表現《ひょうげん》

□**(意図《いと》を)くむ**：人《ひと》の気持《きも》ちや事情《じじょう》などを想像《そうぞう》して理解《りかい》すること

□**とりかかる**：仕事《しごと》などを始《はじ》めること。着手《ちゃくしゅ》する

□**こだわる**：必要以上《ひつよういじょう》に気《き》にして気持《きも》ちが離《はな》れない様子《ようす》

問題《もんだい》5　「『ピッツア』の語感《ごかん》」

【解答《かいとう》】 [1] 2　[2] 4　[3] 1

ことばと表現《ひょうげん》

□**重々《おもおも》しい**：dignified／沉重／무겁다

□**漂《ただよ》う**：ある雰囲気《ふんいき》が満《み》ちている

□**あえて**：しなくてもいいことをする様子《ようす》、無理《むり》に

□**気概《きがい》**：困難《こんなん》に負《ま》けない強《つよ》い意志《いし》、気持《きも》ち

□**ある種《しゅ》の**：a kind of／某种／어떤 종류의

問題《もんだい》6　「大学生《だいがくせい》の『社会化《しゃかいか》』」

【解答《かいとう》】 [1] 4　[2] 2　[3] 2

ことばと表現《ひょうげん》

□**楽勝《らくしょう》**：楽《らく》に勝《か》つこと

□**飛《と》ぶように売《う》れる**：次々《つぎつぎ》にどんどん売《う》れる

□**違和感《いわかん》**：自分《じぶん》の感覚《かんかく》や周《まわ》りのものと合《あ》わない感《かん》じ

□**難解《なんかい》**：わかりにくいこと

□**睡魔《すいま》**：がまんできないほど眠《ねむ》たい感《かん》じ

□**転機《てんき》**：ある状態《じょうたい》から別《べつ》の新《あたら》しい状態《じょうたい》に変《か》わるきっかけ、変《か》わり目《め》

□**味《あじ》をしめる**：一度《いちど》上手《うま》くいったことから、次《つぎ》もそれを期待《きたい》すること

□**居酒屋《いざかや》**：酒《さけ》や料理《りょうり》を楽《たの》しむための庶民的《しょみんてき》な店《みせ》

□**社会化《しゃかいか》**：socialization／社会化／사회화

内容《ないよう》理解《りかい》（長文《ちょうぶん》）

問題《もんだい》1　「あいさつする理由《りゆう》」

【解答《かいとう》】 1 **1**　 2 **4**　 3 **1**　 4 **4**

ことばと表現《ひょうげん》

□**生態《せいたい》**：自然《しぜん》の中《なか》で生物《せいぶつ》が生活《せいかつ》している姿《すがた》、様子《ようす》

□**回避《かいひ》**：危険《きけん》なものを避《さ》けること

□**交叉《こうさ》する**：交《まじ》わる

□**猛烈《もうれつ》に**：勢《いきお》いが強《つよ》く、激《はげ》しい

□**群棲《ぐんせい》**：同《おな》じ種類の動物《どうぶつ》が、集団《しゅうだん》をつくって生活《せいかつ》すること

□**侵略《しんりゃく》**：他国《たこく》に攻《せ》め入《い》って土地《とち》や物《もの》を奪《うば》い取《と》ること

□**従来《じゅうらい》**：もともと

問題《もんだい》2　「演劇人《えんげきじん》の養成《ようせい》」

【解答《かいとう》】 1 **4**　 2 **2**　 3 **3**　 4 **3**

ことばと表現《ひょうげん》

□**オーディション**：歌手《かしゅ》や役者《やくしゃ》などを選《えら》び出《だ》す際《さい》に行《おこな》う審査《しんさ》

□**見据《みす》える**：じっと見つめること

□**初々《ういうい》しい**：世間《せけん》に慣《な》れていなくて、若々《わかわか》しく新鮮《しんせん》な様子《ようす》

□**こなす**：身《み》につけた技術《ぎじゅつ》などをうまく使《うか》う。仕事《しごと》をうまく処理《しょり》する

□**歪《ゆが》み**：物《もの》の形《かたち》が曲《ま》がったりねじれたりして正《ただ》しくないこと

□**断念《だんねん》する**：夢《ゆめ》や希望《きぼう》をあきらめること

□**ビジョン**：将来《しょうらい》の構想《こうそう》・計画《けいかく》

問題《もんだい》3　「図書室《としょしつ》での尋問《じんもん》」

【解答《かいとう》】 1 **4**　 2 **3**　 3 **4**　 4 **1**

ことばと表現《ひょうげん》

□**掻《か》い摘《つま》んで**：要点《ようてん》だけをとらえて

□**絶句《ぜっく》する**：話《はなし》や演説《えんぜつ》の途中《とちゅう》で、言葉《ことば》が出《で》なくなること

□**立《た》ち尽《つ》くす**：感動《かんどう》したり意外《いがい》なことに驚《おどろ》いたりして、しばらくその場《ば》に立《た》っていること

□**大目《おおめ》に見《み》る**：人《ひと》の失敗《しっぱい》や悪《わる》いところを責《せ》めないでおくこと

□**執念深《しゅうねんぶか》い**：しつこくてなかなかあきらめようとしない様子《ようす》

□**獰猛《どうもう》な**：動物《どうぶつ》などの性質《せいしつ》が乱暴《らんぼう》で荒《あら》い様子《ようす》

□**金縛《かなしば》りにあう**：寝《ね》ている時《とき》や強《つよ》い恐怖《きょうふ》に襲《おそ》われた時《とき》などに、突然《とつぜん》、体《からだ》が動《うご》かなくなること

□**呆気《あっけ》にとられる**：意外《いがい》なことに出会《であ》って、驚《おどろ》いたりあきれたりする様子《ようす》

□**静《しず》まりかえる**：すっかり静かになること

統合理解《とうごうりかい》

問題《もんだい》 1 「新《あたら》しく出《で》た本《ほん》の紹介《しょうかい》」

【解答《かいとう》】 1 **2** 2 **3** 3 **1**

ことばと表現《ひょうげん》

□**コラム**：新聞《しんぶん》や雑誌《ざっし》で、短《みじか》いエッセイや記事《きじ》などを載《の》せるための囲《かこ》みの部分《ぶぶん》。また、書《か》かれたもの

□**持論《じろん》**：自分《じぶん》の意見《いけん》や主張《しゅちょう》

□**フラットな**：平《たい》らで偏《かたよ》りがない様子《ようす》

□**ダイジェスト**：書物《しょもつ》などの内容《ないよう》をわかりやすく要約《ようやく》したもの

□**セレクト(する)**：選《えら》ぶこと

問題《もんだい》 2 「安楽死《あんらくし》」

【解答《かいとう》】 1 **2** 2 **1** 3 **4**

ことばと表現《ひょうげん》

□**筋弛緩剤《きんしかんざい》**：筋肉《きんにく》の緊張《きんちょう》をなくして、やわらげるための薬《くすり》

□**人工呼吸器《じんこうこきゅうき》**：人工的《じんこうてき》に呼吸《こきゅう》を維持《いじ》させる機器《きき》

□**字面《じづら》**：文字《もじ》から受《う》ける印象《いんしょう》。文章の表面的《ぶんしょうひょうめんてき》な意味《いみ》

□**命《いのち》の火《ひ》がつきる**：寿命《じゅみょう》が終《お》わることを火《ひ》が消《き》えることにたとえた表現《ひょうげん》

□**もたらす**：ある状態《じょうたい》や結果《けっか》を引《ひ》き起《お》こす※好《この》ましくない場合《ばあい》に使《つか》うことが多《おお》い。

例《れい》）台風《たいふう》はその町《まち》に大《おお》きな被害《ひがい》をもたらした。

問題《もんだい》 3 「家電《かでん》と人間《にんげん》の進化《しんか》・退化《たいか》」

【解答《かいとう》】 1 **3** 2 **4** 3 **2**

ことばと表現《ひょうげん》

□**溶《と》け込《こ》む**：周《まわ》りの雰囲気《ふんいき》や気分《きぶん》になじむ

□**的《まと》**：物事《ものごと》をするときの目標《もくひょう》や対象《たいしょう》。目当《めあ》て

□**安心《あんしん》しきる**：すっかり安心する

□**心得《こころえ》る**：物事《ものごと》の事情《じじょう》や意味《いみ》するところをよく理解《りかい》する

□**無論《むろん》**：言《い》うまでもなく、もちろん

□**もはや**：今《いま》となっては、もう

□**ともすれば～**：(ちょっとしたことですぐ)～しがちだ

□**一抹《いちまつ》の**：ほんのわずかな、かすかな

主張理解《しゅちょうりかい》（長文《ちょうぶん》）

問題《もんだい》1　「幸福論《こうふくろん》」

【解答《かいとう》】 1 **2**　2 **1**　3 **4**　4 **2**

ことばと表現《ひょうげん》

□**背景《はいけい》**：後《うし》ろにあるもの

□**まし**：ほかと比《くら》べて少《すこ》しはよい

問題《もんだい》2　「『買《か》う』という行為《こうい》」

【解答《かいとう》】 1 **3**　2 **2**　3 **3**　4 **4**

ことばと表現《ひょうげん》

□**はみ出《だ》す**：一定《いってい》の範囲《はんい》・枠《わく》から外《そと》に出《で》る

□**云々《うんぬん》**：～などなど

□**到底《とうてい》～ない**：どうしても～ない、どう頑張《がんば》っても～ない

□**使《つか》い棄《す》て**：一《いち》～数回《すうかい》の使用《しよう》で捨《す》ててしまうこと、そのように作《つく》られたもの

□**欲求《よっきゅう》**：desire／欲求／욕구

□**根本的《こんぽんてき》に**：fundamentally, basically／跟本地／근본적으로

□**言《い》ってみるならば**：ほかの言葉《ことば》で言《い》うと、言《い》い換《か》えれば

□**錠剤《じょうざい》**：平《ひら》たい、また、丸《まる》い形《かたち》になった薬《くすり》

□**還元《かんげん》**：多様《たよう》で複雑《ふくざつ》な状態《じょうたい》から基本的《きほんてき》な状態《じょうたい》に置《お》き直《なお》すこと

□**人間実存《にんげんじつぞん》**：人間《にんげん》の実際《じっさい》の姿《すがた》、あり方《かた》

□**捉《とら》える**：物事《ものごと》の本質《ほんしつ》や内容《ないよう》を理解《りかい》する

問題《もんだい》3　「自然《しぜん》な建築《けんちく》とは」

【解答《かいとう》】 1 **2**　2 **1**　3 **3**　4 **4**

ことばと表現《ひょうげん》

□**ロジック**：論理《ろんり》

□**正当化《せいとうか》（する）**：道理《どうり》に合《あ》っていて正《ただ》しいものとすること

□**なじむ**：ほかのものと調和《ちょうわ》すること。人《ひと》や場所《ばしょ》に慣《な》れて親《した》しみを持《も》つこと

□**依然《いぜん》として**：そのまま変《か》わらず

□**仕上《しあ》げ**：物《もの》を作《つく》るときの最後《さいご》の工程《こうてい》。物事《ものごと》の最後の段階《だんかい》

□**不毛《ふもう》（な）**：作物《さくもつ》などが育《そだ》たないこと。成果《せいか》や進歩《しんぽ》が得《え》られないこと

□**不可分《ふかぶん》**：分《わ》けることができないこと

情報検索《じょうほうけんさく》

問題《もんだい》1　「ジムの入会案内《にゅうかいあんない》」

【解答《かいとう》】 ［1］ **1**　［2］ **2**

問題《もんだい》2　「病院《びょういん》の外来案内《がいらいあんない》」

【解答《かいとう》】 ［1］ **2**　［2］ **2**

ことばと表現《ひょうげん》

□**外来《がいらい》**：病院《びょういん》に通《かよ》って診察《しんさつ》を受《う》けること

□**急遽《きゅうきょ》**：急《いそ》いで

□**受診《じゅしん》**：医師《いし》の診察《しんさつ》を受けること

□**再診《さいしん》**：２回《かい》目《め》以降《いこう》の診察《しんさつ》

□**提示《ていじ》する**：あるところに出《だ》して見《み》せること

□**処方箋《しょほうせん》**：prescription／处方单／처방전

問題《もんだい》3　「水道局《すいどうきょく》FAQ」

【解答《かいとう》】 ［1］ **4**　［2］ **3**

ことばと表現《ひょうげん》

□**蛇口《じゃぐち》**：faucet／水龙头／수도꼭지

□**漏《も》れる**：液体《えきたい》・気体《きたい》・光《ひかり》・情報《じょうほう》などが外《そと》へ出《で》てしまうこと

第《だい》1回《かい》模擬《もぎ》試験《しけん》

問題《もんだい》1

(1)「見通《みとお》しを立《た》てる若者《わかもの》」

【解答《かいとう》】 [1] **2**

ことばと表現《ひょうげん》

□**見通《みとお》し**：将来《しょうらい》の予測《よそく》・計画《けいかく》

□**持《も》てあます**：大《おお》きすぎたり多《おお》すぎたりして、扱《あつか》い方《かた》に困《こま》る

□**満《み》ちあふれる**：あふれるほどいっぱいになる

□**特権《とっけん》**：特定《とくてい》の身分《みぶん》・立場《たちば》の人《ひと》が持《も》つ権利《けんり》

□**あっさり**：簡単《かんたん》に。味《あじ》や性格《せいかく》がしつこくない様子《ようす》

□**放棄《ほうき》(する)**：権利《けんり》や責任《せきにん》などを捨《す》ててしまうこと

□**野心《やしん》**：大《おお》きな望《のぞ》み。身分《みぶん》や立場《たちば》に合《あ》わない大《おお》きすぎる望《のぞ》み

(2)「赤《あか》ちゃんの視線《しせん》コミュニケーション」

【解答《かいとう》】 [2] **3**

ことばと表現《ひょうげん》

□**アイコンタクト**：目《め》で合図《あいず》すること

□**活用《かつよう》する**：効果的《こうかてき》に使《つか》うこと

(3)「紙媒体《かみばいたい》の電子化《でんしか》」

【解答《かいとう》】 [3] **4**

ことばと表現《ひょうげん》

□**取《と》って代《か》わる**：これまでにあったものに代《か》わって、別《べつ》のものが同《おな》じ役割《やくわり》や機能《きのう》を果《は》たす

例《れい》）インターネットが新聞《しんぶん》に取《と》って代《か》わりつつある。

(4)「病気見舞《びょうきみまい》いのお礼《れい》」

【解答《かいとう》】 [4] **4**

ことばと表現《ひょうげん》

□**誠《まこと》に**：本当《ほんとう》に、心《こころ》から

□**療養《りょうよう》**：体《からだ》を休《やす》めて、健康《けんこう》の回復《かいふく》をはかること

□**ご自愛《じあい》ください**：お体《からだ》に気《き》を付《つ》けてください

問題《もんだい》2

(1)「コウモリのバリエーション」

【解答《かいとう》】 [5] **2**　[6] **4**　[7] **4**

ことばと表現《ひょうげん》

□**哺乳類《ほにゅうるい》**：mammal／哺乳类／포유류

□**音波《おんぱ》**：sound wave／声波／음파

□**超音波《ちょうおんぱ》**：ultrasound／超声波／초음파

□**感知《かんち》する**：様子《ようす》から感《かん》じ取《と》る。気《き》がつく

□**すくい取《と》る**：液体《えきたい》の中《なか》から物《もの》を取《と》り上《あ》げる

□**爬虫類《はちゅうるい》**：reptiles／爬行类／파충류

□**手《て》っ取《と》り早《ばや》い**：手間《てま》がかからない

□**摂取《せっしゅ》**：栄養《えいよう》を体内《たいない》に取《と》り入《い》れること

□**丸《まる》ごと**：切《き》り分《わ》けずにそのまま全部《ぜんぶ》

□**媒介《ばいかい》する**：複数《ふくすう》のものの間《あいだ》で機能《きのう》する

□**忌《い》み嫌《きら》う**：嫌《いや》がって避《さ》けようとする

□**習性《しゅうせい》**：習慣《しゅうかん》によってできた性質《せいしつ》

(2)「独《ひと》りを慎《つつ》しむ」

【解答《かいとう》】 [8] **4**　[9] **2**　[10] **1**

ことばと表現《ひょうげん》

□**落《お》とし穴《あな》**：a pitfall, a trap／圈套／함정

□**ポッカリ**：口《くち》や穴《あな》などが大《おお》きく空《あ》いている様子《ようす》

□**失格《しっかく》**：資格《しかく》を失《うしな》うこと

(3)「ものと豊《ゆた》かさ」

【解答《かいとう》】 [11] **4**　[12] **3**　[13] **1**

ことばと表現《ひょうげん》

□**ぜいたく**：必要《ひつよう》な程度《ていど》をこえて、物事《ものごと》に金銭《きんせん》や物《もの》などを使《つか》うこと

□**気前《きまえ》がいい**：金《かね》や物《もの》を惜《お》しまず使《つか》う、けちけちしない

□**欲望《よくぼう》**：desire／欲望／욕망

問題《もんだい》 3 「できる人《ひと》はどこが違《ちが》うのか」

【解答《かいとう》】 [14] **4**　[15] **1**　[16] **2**　[17] **2**

ことばと表現《ひょうげん》

□**端的《たんてき》に**：要点《ようてん》をわかりやすく

□**筋道《すじみち》**：物事《ものごと》を行《おこな》うときの正《ただ》しい順序《じゅんじょ》や論理《ろんり》

□**見出《みいだ》す**：見《み》つける、発見《はっけん》する

例《れい》）解決策《かいけつさく》を見出《みいだ》す

□**自学自習《じがくじしゅう》**：人《ひと》に頼《たよ》らず自分《じぶん》で学習《がくしゅう》すること

□**反復《はんぷく》する**：繰《く》り返《かえ》す

□**向学心《こうがくしん》にあふれる**：勉強《べんきょう》を頑張《がんば》ろうと思《おも》う気持《きも》ちが満《み》ちている

□**同郷《どうきょう》**：出身地《しゅっしんち》が同《おな》じである

問題《もんだい》 4 「東京《とうきょう》五輪《ごりん》招致《しょうち》」

【解答《かいとう》】 [18] **2**　[19] **1**　[20] **4**

ことばと表現《ひょうげん》

□**五輪《ごりん》**：オリンピック

□**立候補《りっこうほ》**：候補者《こうほしゃ》として選挙《せんきょ》に出《で》ること

□**披瀝《ひれき》**：包《つつ》み隠《かく》さずに打《う》ち明《あ》けること

□**返礼《へんれい》**：人《ひと》にしてもらったことへのお礼《れい》として、挨拶《あいさつ》を返《かえ》したり品物《しなもの》を贈《おく》ったりすること

□**招致《しょうち》**：招《まね》くこと、招《まね》き寄《よ》せること

□**弊社《へいしゃ》**：自分《じぶん》の会社《かいしゃ》をへりくだっていう語《ご》

□**賛否《さんぴ》**：賛成《さんせい》と不賛成《ふさんせい》

□**真《ま》っ二《ぷた》つに**：ちょうど半分《はんぶん》に

問題《もんだい》 5 「現実《げんじつ》か仮想現実《かそうげんじつ》か」

【解答《かいとう》】 [21] **3**　[22] **3**　[23] **1**　[24] **4**

ことばと表現《ひょうげん》

□**残忍《ざんにん》**：残酷《ざんこく》なことを平気《へいき》ですること

□**書《か》きたてる**：新聞《しんぶん》や雑誌《ざっし》などが盛《さか》んに書《か》く

□**短絡的《たんらくてき》**：物事《ものごと》の筋道《すじみち》を考《かんが》えずに、簡単《かんたん》に原因《げんいん》と結果《けっか》を結《むす》びつけること

□**ステレオタイプ**：ある事物《ものごと》に対《たい》して決《き》まったイメージを持《も》つこと。「男性《だんせい》は強《つよ》く女性《じょせい》はやさしい」というような固定概念《こていかんねん》

□**論調《ろんちょう》**：議論《ぎろん》の立《た》て方《かた》、話題《わだい》の表《あらわ》し方

□**抜《ぬ》き差《さ》しならない**：避《さ》けることができない

□**かりそめの**：本当《ほんとう》ではない一時的《いちじてき》な

□**億劫《おっくう》**：面倒《めんどう》で気《き》が進《すす》まない

問題《もんだい》 6 「廃品回収《はいひんかいしゅう》のお知《し》らせ」

【解答《かいとう》】 [25] **1**　[26] **4**

第《だい》2回《かい》模擬試験《もぎしけん》

問題《もんだい》1

(1)「買《か》い物弱者《ものじゃくしゃ》へのサービス」

【解答《かいとう》】 [1] **2**

ことばと表現《ひょうげん》

□**妊婦《にんぷ》**：妊娠《にんしん》している人《ひと》
□**大手《おおて》**：同《おな》じ種類《しゅるい》の中《なか》で特《とく》に規模《きぼ》が大《おお》きいこと
□**安否《あんぴ》**：無事《ぶじ》かどうか
□**告《つ》げる**：伝《つた》え知《し》らせる

(2)「天気予報《てんきよほう》と人々《ひとびと》の知恵《ちえ》」

【解答《かいとう》】 [2] **2**

ことばと表現《ひょうげん》

□**精度《せいど》**：precision, accuracy／精度／정도
□**実情《じつじょう》**：the real state of affairs／实情／실정

(3)「日本《にっぽん》の目指《めざ》すべき社会《しゃかい》」

【解答《かいとう》】 [3] **1**

ことばと表現《ひょうげん》

□**国内総生産《こくないそうせいさん》**：GDP (Gross Domestic Product)
□**国民総幸福量《こくみんそうこうふくりょう》**：GNH (Gross National Happiness)
1972年《ねん》にブータンの国王《こくおう》が提唱《ていしょう》した「国民全体《こくみんぜんたい》の幸福《こうふく》度《ど》」を示《しめ》す尺度《しゃくど》
□**自給自足《じきゅうじそく》**：自分《じぶん》の必要《ひつよう》なものを自分《じぶん》の生産《せいさん》で満《み》たすこと

(4)「節電《せつでん》のお願《ねが》い」

【解答《かいとう》】 [4] **3**

ことばと表現《ひょうげん》

□**節電《せつでん》**：電気《でんき》の使用《しよう》を抑《おさ》えること
□**控《ひか》える**：refrain from ~／控制／삼가하다
□**総務部《そうむぶ》**：the general affairs department／总务部／총무부

問題《もんだい》2

(1)「島《しま》の観光地《かんこうち》と環境《かんきょう》」

【解答《かいとう》】 [5] **4** [6] **1** [7] **4**

ことばと表現《ひょうげん》

□**懸念《けねん》(する)**：不安《ふあん》に思《おも》うこと、心配《しんぱい》であること
□**否決《ひけつ》(する)**：議案《ぎあん》を承認《しょうにん》しないと議決《ぎけつ》すること⇔可《か》決《けつ》
□**はぎ取《と》る**：付《つ》いているものをはがすように取《と》る
□**本土《ほんど》**：その国《くに》の主《おも》な国土《こくど》。離島《りとう》などに対《たい》するもの
□**地続《ちつづ》き**：陸地《りくち》が海《うみ》などに隔《へだ》てられずに続《つづ》いていること
□**外来種《がいらいしゅ》**：外来生物《がいらいせいぶつ》。もともとその地域《ちいき》に存在《そんざい》せず、他《ほか》の国《くに》や地域《ちいき》から入《はい》ってきた生物《せいぶつ》
□**往来《おうらい》**：人《ひと》や車《くるま》などが行《い》き来《き》すること
□**検疫《けんえき》(する)**：病原体《びょうげんたい》などが入《はい》るのを防《ふせ》ぐため、空港《くうこう》や港《みなと》などで検査《けんさ》・処置《しょち》を行《おこ》なうこと
□**生態系《せいたいけい》**：生《い》き物《もの》が生活《せいかつ》するシステム
□**充《あ》てる**：時間《じかん》・お金《かね》などをあることのために使《つか》う

(2)「うれしさと鼻歌《はなうた》」

【解答《かいとう》】 [8] **1** [9] **3** [10] **3**

ことばと表現《ひょうげん》

□**高揚《こうよう》**：精神《せいしん》や気分《きぶん》などが高《たか》まること
□**周期的《しゅうきてき》**：同《おな》じことが、ほぼ一定《いってい》の時間《じかん》を置《お》いて繰《く》り返《かえ》されること
□**前途《ぜんと》**：これから先《さき》
□**鼓舞《こぶ》する**：励《はげ》まし気持《きも》ちを奮《ふる》い立《た》たせる

(3)「きのこ狩《が》りの魅力《みりょく》」

【解答《かいとう》】 [11] **4** [12] **3** [13] **1**

ことばと表現《ひょうげん》

□**味気《あじけ》ない**：面白《おもしろ》みや魅力《みりょく》がなくてつまらない
□**愚痴《ぐち》る**：愚痴《ぐち》や文句《もんく》を言《い》うこと

□**香《こう》ばしい**：食《た》べ物《もの》を焼《や》いたりしたときのいい香《かお》りがする

□**見《み》とれる**：見《み》つめること

□**ひっそり**：物音《ものおと》がせず静《しず》かな様子《ようす》

□**殺生《せっしょう》**：生《い》き物《もの》を殺《ころ》すこと

□**(必然《ひつぜん》)にすべく**：(必然《ひつぜん》)になるように

□**駆《か》り立《た》てる**：そうならなければならないような気持《きも》ちや状態《じょうたい》にさせる

□**パスする**：通《とお》る、通《とお》す。ここでは「そのまま前《まえ》を通《とお》り過《す》ぎる」「取《と》り上《あ》げない」という意味《いみ》

問題《もんだい》 3　「愚《おろ》かな人類《じんるい》」

【解答《かいとう》】 [14] **4**　[15] **1**　[16] **2**　[17] **4**

（ことばと表現《ひょうげん》）

□**敏感《びんかん》(な)**：感《かん》じやすいこと

□**つぶやく**：小《ちい》さい声《こえ》でひとりごとを言《い》う

□**あらかじめ**：事《こと》が起《お》こる前《まえ》に、事が始《はじ》まる前《まえ》に

□**下敷《したじ》き**：物《もの》の下《した》になること

□**出航《しゅっこう》**：船《ふね》が出発《しゅっぱつ》すること

□**そわそわ**：気持《きも》ちや態度《たいど》が落《お》ち着《つ》かない様子《ようす》

□**ぐずぐず**：行動《こうどう》や判断《はんだん》が遅《おそ》く、のろのろしている様《よう》子《す》

問題《もんだい》 4　「昼寝《ひるね》の効果《こうか》」

【解答《かいとう》】 [18] **4**　[19] **2**　[20] **3**

（ことばと表現《ひょうげん》）

□**眠気《ねむけ》**：眠《ねむ》たい感《かん》じ

□**ピーク**：頂点《ちょうてん》、最《もっと》も高《たか》まった状態《じょうたい》

□**横《よこ》たわる**：体を横《よこ》にして寝《ね》る、横《よこ》に伸《の》びる

□**ストレス解消《かいしょう》**：ストレスをなくすこと

□**冴《さ》える**：頭《あたま》の働《はたら》きがはっきりする、頭《あたま》がよく働《はたら》く

問題《もんだい》 5　「「新《あたら》しい」の2つの相《そう》」

【解答《かいとう》】 [21] **3**　[22] **1**　[23] **1**　[24] **3**

（ことばと表現《ひょうげん》）

□**清純《せいじゅん》**：清《きよ》らかで素直《すなお》なこと

□**生《い》きがい**：生《い》きる意味《いみ》や目的《もくてき》、喜《よろこ》び

□**なまっちょろい**：態度《たいど》ややり方《かた》などに厳《きび》しさが足《た》りない、甘《あま》い

□**確固《かっこ》とした**：しっかりして動《うご》かない

□**軽佻《けいちょう》浮薄《ふはく》**：気分《きぶん》が浮《うわ》ついていて、行動《こうどう》が軽々《かるがる》しいこと

□**相《そう》**：側面《そくめん》、意味《いみ》

□**気配《けはい》**：漠然《ばくぜん》と感《かん》じられる様子《ようす》

□**見《み》きわめる**：十分《じゅうぶん》に確認《かくにん》する

□**押《お》し出《だ》す**：強《つよ》く主張《しゅちょう》する

□**権威《けんい》**：authority／权威／권위

□**遮断《しゃだん》**：流《なが》れをさえぎって止《と》めること

□**動的《どうてき》**：動《うご》きや変化《へんか》が起《お》こりやすい様子《ようす》

□**よどんだ**：水《みず》や空気《くうき》などが流《なが》れずに止《と》まって動《うご》かない、順調《じゅんちょう》に進《すす》まない

□**見《み》てとれる**：見《み》てそうとわかる

□**あいいれない**：互《たが》いの主張《しゅちょう》や立場《たちば》が反対《はんたい》で、両立《りょうりつ》しない

□**身《み》びいき**：自分《じぶん》に関係《かんけい》のある人《ひと》に対《たい》して特《とく》に、扱《あつか》いをよくすること

□**ひもとく**：(本《ほん》などの書物《しょもつ》を)開《ひら》く、読《よ》む

問題《もんだい》 6　「電車《でんしゃ》で京都《きょうと》へ行《い》こう」

【解答《かいとう》】 [25] **3**　[26] **1**

（ことばと表現《ひょうげん》）

□**差額《さがく》**：ある金額《きんがく》からほかのある金額《きんがく》を引《ひ》いて残《のこ》った額《がく》

例《れい》）東京《とうきょう》や品川《しながわ》より京都《きょうと》に近《ちか》い新横浜《しんよこはま》と小田原《おだわら》は乗車《じょうしゃ》料金《りょうきん》が安《やす》くなり、京都《きょうと》に遠《とお》い千葉《ちば》は乗車料金《じょうしゃりょうきん》が高《たか》くなる。